미국 스포츠법

미국 스포츠법

초판 1쇄 발행 2024년 9월 27일

지은이 남기연, 박정인
펴낸이 장길수
펴낸곳 지식과감성#
출판등록 제2012-000081호

교정 김지원
디자인 서혜인, 오정은
편집 오정은
검수 김나현, 이현
마케팅 김윤길, 정은혜

주소 서울시 금천구 벚꽃로298 대륭포스트타워6차 1212호
전화 070-4651-3730~4
팩스 070-4325-7006
이메일 ksbookup@naver.com
홈페이지 www.knsbookup.com

ISBN 979-11-392-2129-9(03690)
값 20,000원

- 이 책의 판권은 지은이에게 있습니다.
- 이 책 내용의 전부 또는 일부를 재사용하려면 반드시 지은이의 서면 동의를 받아야 합니다.
- 잘못된 책은 구입하신 곳에서 바꾸어 드립니다.

지식과감성#
홈페이지 바로가기

미국 스포츠법

남기연 박정인

목차

프롤로그 ·························· 6

제1장 야구
제1절 야구와 사건 ············· 10
제2절 야구와 법 ················ 33

제2장 농구
제1절 농구와 사건 ············· 48
제2절 농구와 법 ················ 71

제3장 골프
제1절 골프와 사건 ············· 78
제2절 골프와 법 ················ 95

제4장 축구
제1절 축구와 사건 ············· 106
제2절 미국 축구와 법 ········ 132

제5장 미식축구
제1절 미식축구와 사건 ······ 140
제2절 미식축구법 ·············· 169

제6장 아이스하키
제1절 아이스하키와 사건 ···· 182
제2절 아이스하키와 법 ······ 188

제7장 혼합격투기(MMA)
제1절 혼합격투기와 사건 ········ 194
제2절 혼합격투기와 법 ·········· 206

제8장 스포츠 보험
제1절 프로 스포츠 보험 ············ 212
제2절 아마추어 및
　　　 청소년 스포츠 보험 ········ 215
제3절 헬스 케어와
　　　 재활 서비스 ··················· 217
제4절 스포츠 이벤트 보험 ········ 218
제5절 보험 산업의
　　　 도전 과제와 발전 ·········· 219

제9장 스포츠 에이전시
제1절 스포츠 에이전시 현황 ····· 224
제2절 스포츠 에이전트의
　　　 법적 역할 ···················· 226
제3절 스포츠 에이전시
　　　 관련 법률 및 규제 ········· 227
제4절 윤리 및 규제 준수 ········ 246
제5절 수수료 분쟁 ················· 247

제10장 스포츠와 기술 ············ 260

―――――― 프롤로그 ――――――

미국 스포츠법을 거울삼아 돌아보는
한국 스포츠 정책의 공론화

　1999년부터 시작한 한국스포츠법학회는 이후 한국스포츠엔터테인먼트법학회로 명칭을 변경하였으나 한국스포츠정책을 25년째 연구해 온 스포츠법학자들의 모임이다. 1년에 4회 개최되는 학술대회에서 다양한 주제로 스포츠 정책에 대해 논의하는 본 학회에서 항상 비교법학으로 논의에 빠지지 않는 국가는 언제나 미국이었다고 할 것이다.
　이에 미국 스포츠법을 공부하는 것은 여러 가지 이유에서 매우 중요하고 유익할 것이다.
　첫째, 스포츠 산업을 보는 데 도움이 된다. 스포츠 산업은 미국 경제에서 중요한 부분을 차지하고 있는데 프로 스포츠 리그(NFL, NBA, MLB, NHL 등), 대학 스포츠(NCAA), 그리고 관련된 미디어, 광고, 스폰서십 등은 거대한 경제적 가치를 지닌다. 이로 인해 스포츠와 관련된 법적 이슈는 매우 중요하고 그들의 결정을 엿보면서 문화를 이해할 수 있다. 또한 미국 스포츠법은 글로벌 스포츠 산업에 영향을 미친다. 국제 스포츠 거래, 선수 계약, 방송권 협상 등에서 미국 스포츠법의 원칙과 규제가 큰 영향을 미치고 있다.

둘째, 스포츠와 법학의 교차점에서 계약법, 지식재산권, 노동법, 반독점법, 형법, 행정법 등 다양한 법제가 만나고 이를 이해하는 데 도움이 된다. 선수 계약, 스폰서십 계약, 방송권 계약 등 다양한 계약이 스포츠에서 이루어지며, 이들 계약의 법적 해석과 분쟁 해결은 스포츠법의 중요한 부분이다. 또한 스포츠 브랜드, 로고, 방송권, 스포츠 용품 등에 대한 지적재산권 보호는 스포츠 산업에서 핵심적인 역할을 한다. 선수들과 구단 간의 집단 교섭, 노동조합, 자유계약, 트레이드와 같은 이슈들은 노동법과 깊이 연관되어 있다. 특히, 프로 스포츠 리그에서 선수의 권리와 계약이 중요한 법적 문제로 다뤄진다. 미국의 스포츠 리그들은 반독점법과 관련된 주요한 법적 사례들을 통해 그 운영 방식을 규제받아 왔는데 리그 운영, 팀의 이동, 방송권 판매 등에서 반독점법이 중요한 역할을 한다. 그 밖에 도핑, 승부조작, 폭력, 성범죄 등 스포츠와 관련된 형법적 문제들이 빈번히 발생하며, 이들 문제는 법적 처리와 규제를 필요로 한다.

셋째, 스포츠윤리와 스포츠법 간의 사적 자치와 법적 규제 간의 자율과 긴장을 고민할 수 있는 단초가 된다. 선수의 도핑, 승부조작, 공정성 문제 등은 스포츠에서 윤리적인 문제와 직접 관련이 있는데 스포츠법은 이러한 윤리적 문제들을 법적으로 다루며, 스포츠의 공정성과 투명성을 유지하는 데 기여한다. 한편 미국에는 다양한 스포츠 규제 기관이 존재하며, 이들 기관의 규정과 규제는 법적 논쟁의 대상이 될 수 있고 예를 들어, NCAA의 규정은 학생 선수와 관련된 여러 법적 논쟁을 야기하고 있다.

넷째, 스포츠는 대중적인 관심을 끌기 때문에 사회적 영향을 가진다. 스포츠는 인종, 성별, 장애 등과 관련된 사회 정의와 평등 문제와도 밀접한 관련이 있다. Title IX와 같은 법률은 여성 스포츠의 기회를 보호하고 증진하는 데 중요한 역할을 해 왔으며, 이와 관련된 법적 논의는 계속되고 있다. 스포츠법은 선수들의 권리를 보호하고, 그들의 복지와 안전을 보장하는 데 중요한 역할을 하며 선수들이 계약에서 공정한 대우를 받을 수 있도록 돕고, 스포츠 활동에서의 안전을 규제하는 법적 틀이 마련되어 있다.

다섯째, 다양한 사례와 연방과 주간의 여러 판단들을 지켜보며 다양한 고민거리를 우리 스포츠 정책에 던져 줄 수 있다. 이는 정의에 가까운 기준을 연구하여야 하는 법률가나 법학도로 하여금 복잡한 법적 문제를 분석하고, 창의적인 해결책을 모색하는 능력을 배양하는 데 도움이 된다.

미국 스포츠법을 공부하는 것은 스포츠 산업에 대한 깊은 이해를 제공하며, 법적 이슈를 해결하고 규제하는 데 필요한 전문성을 길러 준다. 스포츠가 가진 공정성과 투명성, 끝없는 노력과 같은 아름다운 정신을 지켜 나가는 데 있어 법률가로서 다양한 도전과 기회를 제공하며, 스포츠와 관련된 복잡한 법적 문제를 다룰 수 있는 능력을 개발하는 데 중요한 밑거름이 된다. 이에 미국 스포츠법에 대한 이해가 분명 도움이 될 것을 믿어 의심치 않는다.

제1장

야구

제1장 야구

제1절 야구와 사건

1. Baseball Rule

(1) 에들링 사건

　미국에는 '베이스볼 룰'이라는 원칙이 있다. 이 룰은 미국 법률에서 관중이 야구 경기 중에 공에 맞아 다쳤을 경우, 구단이나 경기장을 운영하는 단체가 책임을 져야 하는지에 대해 다루는 법적 원칙이다. 이 규칙은 야구 경기 중 공에 맞을 위험이 관중들에게 본질적으로 존재하며, 이러한 위험은 관중들이 충분히 인식하고 있어야 한다는 전제하에 형성된 것이다.

　베이스볼 룰이 생겨나게 된 첫 번째 사건은 Edling v. Kansas City Baseball & Exhibition Co.(1913)라 할 것이다. 이 사건의 내용은 다음과 같다.

◾ 사건 개요

원고 Edling은 Kansas City Baseball & Exhibition Company가 운영하는 야구 경기를 관람하다가 날아온 공에 맞아 부상을 입었다. 이에 따라 Edling은 구단을 상대로 손해배상을 청구했다. Edling 측은 구단이 경기장 내에서 발생할 수 있는 위험에 대해 충분한 경고를 하지 않았고, 관중의 안전을 보호할 적절한 조치를 취하지 않았다고 주장했다.

▣ 법적 쟁점
경기장을 운영하는 구단이 관중을 보호하기 위한 적절한 안전 조치를 취해야 하는지, 또는 야구 경기에 내재된 위험을 관중이 인지하고 이를 감수해야 하는지에 대한 법적 논의가 이루어졌다.

▣ 이 사건은 'Baseball Rule'의 기초가 되는 사건 중 하나로, 야구 경기 관람 시 발생할 수 있는 공에 맞을 위험을 관중이 스스로 인지하고 있어야 한다는 법적 원칙을 확립하는 데 기여했다.
법원은 구단이 관중석의 일부에 보호망을 설치하는 등 기본적인 안전 조치를 취했으며, 관중들은 경기 중 공에 맞을 위험을 충분히 예상할 수 있다고 판단했다. 따라서 구단은 책임이 없다고 판결했다.
이 판결은 이후 많은 유사 사건에서 참고되었으며, 야구 경기장 운영자들이 최소한의 안전 조치를 취한 경우, 관중이 공에 맞아 부상당했을 때 법적 책임을 지지 않는다는 법적 기준을 확립했다.
이 사건은 야구 경기를 비롯한 스포츠 경기장에서의 위험을 관중들이 스스로 인지하고 이를 피하고자 노력하는 등 위험을 수용해야 한다는 법적 원칙을 확립한 중요한 판례로 자리 잡았다. 이 원칙은 'Baseball Rule'로 알려지며, 오늘날까지 미국 법원에서 관중의 부상 관련 소송에서 적용되고 있다.

(2) 퀸, 아퀴스, 로베 사건

이어 Quinn v. Recreation Park Ass'n(1935) 사건에서도 베이스볼 룰은 인정되었다. 미국 캘리포니아주에서 일어난 법적 사건으로, 야구 경기 관람 중 관중이 공에 맞아 부상을 입었을 때, 경기장 운영자가 이에 대해 책임을 져야 하는지를 다룬 중요한 판례이다.

Quinn이라는 관중은 캘리포니아의 Recreation Park에서 야구 경기를 관람하던 중, 경기 도중에 날아온 공에 맞아 부상을 입었다. Recreation Park Association은 경기장을 운영하는 단체로, Quinn의 부상에 대한 법적 책임 여부가 쟁점이 되었다. 경기장을 운영하는 단체가 관중을 보호하기 위해 얼마나 많은 안전 조치를 취해야 하는가에 대한 논점에서 Quinn은 경기장이 그를 보호하기에 충분한 조치를 취하지 않았다고 주장했다.

그러나 1913년 베이스볼 룰을 찾아낸 피고 측은 야구 경기를 관람하는 관중이 경기 중 발생할 수 있는 공에 맞을 위험을 스스로 인지하고 감수해야 한다고 주장했다.

법원은 Recreation Park Association이 최소한의 안전 조치(예: 일부 좌석에 보호망 설치)를 취한 것으로 충분하다고 판단했다. 법원은 야구 경기를 관람하는 관중들이 공에 맞을 위험을 충분히 인지할 수 있다고 보고, 구단의 책임을 인정하지 않았다. 이후 이 판결은 Baseball Rule의 법적 원칙을 강화했으며, 이 원칙에 따르면, 야구 경기에서 발생할 수 있는 공에 맞을 위험은 본질적으로 경기의 일부이기 때문에 관중이 이를 감수해야 한다고 결정했다.

이 사건은 이후 많은 유사한 법적 분쟁에서 중요한 선례로 인용되었으며, 야구 경기뿐만 아니라 다른 스포츠 경기에서도 관중의 안전에 대한 법적 책임을 명확히 하는 데 기여했다. 법원은 경기장이 최소한의 안전 조치를 취했을 때, 관중이 경기 중 발생하는 일반적인 위험을 스스로 인지하고 감수해야 한다는 원칙을 확립했다.

이후 베이스볼 룰은 관중들에게 알려져 관중들은 경기장에게 최소한의 안전 조치로 인한 안전배려의무 위반을 문제 삼지 않게 되었다. 그러나 1981년 뉴욕에서 학교 야구 경기에서 벌어진 관중 사고에 있어 베이스볼 룰은 그대로 인정될 것인지 상당한 관심을 끌었다.

Akins v. Glens Falls City School District(1981) 사건은 뉴욕주 항소법원에서 판결된 사건으로, 고등학교 야구 경기 중 공에 맞아 다친 관중이 학교 당국에 손해배상을 청구한 사례이다. 이 사건 역시 관중이 경기 중 발생할 수 있는 위험을 어느 정도까지 수용해야 하는지에 대한 법적 논쟁의 중요한 판례로 간주된다. Akins이라는 관중은 Glens Falls 고등학교 야구 경기 도중에 공에 맞아 부상을 입었고 학교는 베이스볼 룰을 근거로 어떤 책임도 지지 않으려 했고 그에 격분한 그는 학교를 상대로 손해배상을 청구했다.

Glens Falls City School District는 학교 당국으로, Akins의 부상에 대해 책임이 있는지가 쟁점이었는데 학교 측이 관중을 보호하기 위해 필요한 조치를 충분히 취했는지 살펴야 했다. Akins은 학교가 관중의 안전을 충분히 보호하지 못했다고 주장했다.

학교 경기에서도 일반적인 프로 야구 경기와 마찬가지로, 관중이 경기 중 공에 맞을 위험을 수용해야 하는지에 대한 논쟁이 이루어졌다. 법원은 학교 당국이 야구 경기장에서 일부 관중석을 보호망으로 보호하고 있었으며, 이는 학교가 관중을 보호하기 위해 합리적인 조치를 취한 것으로 충분하다고 판결했다. 따라서 Akins의 손해배상 청구는 기각되었다.

법원은 고등학교 경기에 참석한 관중들도 'Baseball Rule'에 따라 공에 맞을 위험을 스스로 인지하고 감수해야 한다고 판단했다. 이 판결은 Baseball Rule이 고등학교 스포츠 경기에서도 적용될 수 있음을 명확히 했다.

Lowe v. California League of Professional Baseball(1997) 사건에서도 관중인 Lowe는 캘리포니아 리그의 야구 경기를 관람하던 중, 타자가 친 파울볼에 맞아 부상을 입었는데 이 부상으로 인해 Lowe는 경기장을 운영하는 구단을 상대로 손해배상을 청구했다.

California League of Professional Baseball은 Lowe의 부상에 대한 책임 여부가 법적 쟁점이 되었다.

Lowe는 경기장을 운영하는 구단이 관중의 안전을 충분히 보호하지 않았다고 주장했고 특히, 보호망 설치 범위나 안전 조치가 부족했다고 주장했다. 구단 측은 관중들이 야구 경기를 관람하는 동안 공에 맞을 위험을 충분히 인지하고 있어야 하며, 이러한 위험은 본질적으로 경기에 내재된 것이라고 주장했다.

법원은 Baseball Rule을 적용하여 경기장에서의 관중의 부상에 대해 구단이 책임이 없다고 판결했는데 법원은 경기 중 공에 맞을 위험은 야구의 본질적인 부분이며, 구단이 최소한의 보호 조치를 취한 경우 추가적인 책임을 지지 않는다고 판단했다.

이 판결은 관중이 야구 경기를 관람할 때 공에 맞을 위험을 수용해야 하며, 구단이 보호망 설치와 같은 기본적인 안전 조치를 취했다면 법적 책임이 없다는 원칙을 재확인했다.

2. 선수 간 접촉 사고

(1) 아빌라 사건

스포츠에 내재된 위험에 있어 관중에게 베이스볼 룰이 있다면 야구선수 간에 있어 발생한 부상 위험을 어느 정도 수용해야 하는지 보여 주는 유명한 판례는 아빌라 판결이다.

Avila v. Citrus Community College District(2006)는 캘리포니아 대법원에서 결정된 중요한 판례로, 스포츠에서의 내재된 위험에 대한 법적 원칙을 명확히 하는 사건이다. 이 사건은 대학 야구 경기 중 발생한 부상에 대한 책임 문제를 다루고 있으며, 스포츠 경기에서 발생할 수 있는 위험을 얼마나 수용해야 하는지에 대해 중요한 법적 기준을 제시했다.

Jose Luis Avila는 Citrus Community College와의 대학 야구 경기 중에 타석에 서 있다가 상대 팀의 투수가 던진 공에 맞아 부상을 입었다. Avila는 이 부상이 의도적인 빈볼로 인해 발생했다고 주장하며, Citrus Community College District를 상대로 손해배상을 청구했다.

Citrus Community College District는 이 사건에서, 스포츠 경기 중 발생할 수 있는 위험은 본질적으로 경기의 일부라는 주장을 했다.

Avila의 변호인은 상대 투수가 의도적으로 빈볼을 던졌다고 주장하며, 이에 대한 학교의 감독 책임을 묻고자 했다. 반면, Citrus Community College District 측은 경기 중 공에 맞는 위험은 야구의 본질적인 요소로, 선수들이 이러한 위험을 인지하고 수용해야 한다고 주장했다. 캘리포니아 대법원은 스포츠 활동에서 내재된 위험 원칙을 강조하며, Avila가 주장하는 부상은 야구 경기의 본질적인 위험 중 하나라고 판결했다. 법원은 상대 투수가 고의로 공을 던졌다는 증거가 부족하며, 야구 경기 중 발생할 수 있는 통상적인 위험은 선수들이 수용해야 한다고 판단했다. 따라서 학교 측의 책임을 인정하지 않았다.

이 판결은 스포츠 경기 중 발생하는 부상에 대해, 참가자가 내재된 위험을 감수해야 한다는 법적 원칙을 강화했는데 특히, 학교나 구단과 같은 감독 기관이 의도적인 위해를 가하지 않은 이상, 스포츠 경기에서 발생하는 일반적인 위험에 대해 법적 책임을 지지 않는다는 것을 명확히 했다.

Avila v. Citrus Community College District 사건은 스포츠에서의 내재된 위험 원칙을 명확히 하고, 경기 중 발생할 수 있는 부상에 대해 법적 책임을 제한하는 중요한 판례로 남았다. 이 사건은 특히 고등학교와 대학 수준의 스포츠 활동에서 법적 분쟁이 발생할 때 중요한 참고 사례이다.

(2) 나이트 사건

Knight v. Jewett(1992)는 미국 캘리포니아 주에서 중요한 법적 선례를 세운 사건으로, 스포츠 활동에서 발생하는 부상에 대한 법적 책임과 '내재된 위험'의 원칙을 다루었다. Kendra Knight는 플래그 풋볼(미식축구의 일종) 경기 중 발생한 부상으로 인해 소송을 제기했다. 그녀는 경기 도중 Michael Jewett의 부주의로 인해 손가락이 골절되었고, 결국 일부 손가락을 절단해야 했다. Michael Jewett는 경기가 거친 스포츠였고, 발생한 부상은 그 경기에 내재된 위험의 일부였다고 주장했다.

이 사건의 핵심 쟁점은 스포츠 활동에서 참가자들이 일정한 위험을 감수해야 하는지, 그리고 이러한 위험이 법적 책임을 제한할 수 있는지였다. Knight는 Jewett이 지나치게 부주의하거나 과도한 힘을 사용해 부상을 입혔다고 주장했지만, Jewett 측은 이러한 행위가 스포츠의 본질적인 부분이라고 반박했다.

캘리포니아 대법원은 Jewett의 행위가 플래그 풋볼의 본질적인 위험의 일부라고 판단하고, Jewett에게 법적 책임을 묻지 않았다. 법원은 스포츠 활동에서 참가자들이 내재된 위험을 수용해야 하며, 이 위험에 포함되는 부상에 대해서는 일반적으로 법적 책임을 지지 않는다고 판결했다. 이 판결은 '내재된 위험' 원칙을 확립하여, 스포츠나 레크리에이션 활동에서 일반적으로 예상되는 위험에 대해 참가자들이 스스로 감수해야 한다는 법적 기준을 명확히 했다. 이 원칙에 따르면, 스포츠 활동 중 발생하는 부상은 그 활동의 본질적인 부분으로 간주되며, 참가자가 이를 감수해야 한다고 판단된다. 비록 야구는 아니지만 Knight v. Jewett 사건은 스포츠와 레크리에이션 활동에서의 부상에 대해 '내재된 위험' 원칙을 강화한 중요한 판례이다. 이 원칙은 이후 유사한 사건에서 참가자들이 스포츠에서 발생할 수 있는 부상을 감수해야 한다는 법적 기준으로 자주 인용되며, 스포츠나 레크리에이션 활동에서의 법적 분쟁에서 중요한 역할을 하였다.

3. 그 밖에 야구에서 내재된 위험들

스포츠에 내재된 위험(inherent risk)이란, 스포츠 활동에서 본질적으로 존재하는 위험 요소로서, 참가자나 관중이 해당 스포츠의 특성상 자연스럽게 감수해야 하는 위험을 의미한다. 야구와 같은 스포츠에서는 이러한 내재된 위험이 특히 중요한 법적 개념으로 작용하며, 이는 경기 중 발생할 수 있는 부상이나 사고에 대해 법적 책임을 묻는 기준을 설정하는 데 중요한 역할을 한다.

야구에서의 내재된 위험 요소들로 대표적인 것은 파울볼과 타구이다. 경기 중에 타자가 친 공이 관중석으로 날아올 수 있으며, 이는 관중이 부상을 입을 가능성을 높인다. 이런 경우, 관중은 야구 경기의 특성상 이러한 위험이 존재함을 알고 있어야 하며, 이를 감수해야 한다고 여겨진다. 예를 들어, 법원에서는 'Baseball Rule'에 따라, 관중이 야구 경기를 관람할 때 파울볼에 맞을 위험을 충분히 예상할 수 있다고 판단한다. 경기장 운영자가 보호망을 설치하는 등 기본적인 안전 조치를 취했다면, 추가적인 법적 책임을 지지 않는 것이 일반적이다.

다음으로 선수들의 접촉 및 충돌이 있을 수 있다. 야구 경기에서 선수들 간의 충돌이나 접촉도 내재된 위험에 포함되는데 예를 들어, 주자가 홈 베이스를 향해 달려올 때 포수와 충돌할 가능성이 있게 된다. 이러한 상황은 경기의 본질적인 부분으로 간주되며, 선수들은 이를 감수해야 한다.

투수가 던진 공이 타자를 맞히는 경우도 내재된 위험으로 간주된다. 비록 의도적이지 않더라도, 타자는 경기 중에 이런 위험이 존재함을 알고 있으며, 이는 야구의 일부분으로 받아들여진다. 또한 경기장의 상태나 기후 조건도 내재된 위험 요소이다. 예를 들어, 젖은 잔디에서 미끄러지는 상황이나, 강한 바람이 불어 공이 예상과 다르게 움직이는 경우도 있다. 이러한 환경적 요소들은 야구의 특성상 피할 수 없는 부분으로 간주될 것이다.

Avila v. Citrus Community College District(2006) 사건에서처럼 법원은 스포츠에서 발생하는 충돌이나 접촉이 내재된 위험으로 간주될 수 있다고 판결했으므로 주자가 홈 플레이트로 달려가면서 포수와 충돌하는 상황 역시 내재된 위험으로 간주되고 이로 인한 부상에 대해 법적 책임을 묻기 어려운 경우가 많을 것으로 보인다.

선수 간 충돌과 스포츠의 내재된 위험
- Hackbart v. Cincinnati Bengals, Inc.(1979) -

스포츠 경기 중에 발생한 폭력적인 행위가 법적 책임을 물을 수 있는지에 대해 가장 중요한 판례로 꼽히는 이 사건은 미식축구 사건이지만 야구선수의 경우 투수가 타자를 맞히는 상황이나 주자가 홈 플레이트로 달려가면서 포수와 충돌하는 상황 등에 그대로 사용할 수 있는 판례이다.

Dale Hackbart는 NFL(미식축구 리그)의 선수로, 1973년 경기 도중 Cincinnati Bengals 팀의 선수 Charles Boobie Clark에 의해 부상을 입었다. Clark은 경기 중 Hackbart의 목뒤를 가격했으며, 이로 인해 Hackbart는 심각한 부상을 입었다.

Cincinnati Bengals, Inc.는 Clark의 소속 팀으로, Hackbart는 이 팀과 Clark을 상대로 소송을 제기했다. Hackbart는 Clark의 행위가 의도적이고 폭력적이었다고 주장했다.

법적 논쟁의 핵심은 경기 중 발생한 폭력적인 행동이 스포츠의 내재된 위험에 포함되는지, 아니면 법적 책임을 물을 수 있는 부당한 행위인지에 대한 것이었다.

초기 법원은 Clark의 행위가 스포츠의 내재된 위험에 해당한다고 보고, Cincinnati Bengals 측에 법적 책임이 없다고 판결했다. 이는 미식축구 경기에서 어느 정도의 신체 접촉과 폭력은 내재된 위험으로 간주된다는 이유에서였다. 그러나 항소심에서는 하급심의 판결을 뒤집었다. 제10 순회항소법원은 Clark의 행위가 스포츠의 일반적인 범위를 넘어선 고의적이고 과도한 폭력 행위였다고 판단했다. 따라서 Hackbart는 손해배상을 받을 자격이 있다고 판결했다. 이 판결은 스포츠에서의 내재된 위험에도 불구하고, 고의적이고 불법적인 행위에 대해서는 법적 책임을 물을 수 있음을 명확히 했다.

Hackbart v. Cincinnati Bengals, Inc. 사건은 스포츠 경기 중 발생한 부상에 대한 법적 책임을 다루는 중요한 판례로, 스포츠에서의 내재된

> 위험과 고의적인 폭력 행위 간의 경계를 명확히 했다. 이 판례는 선수들이 경기 중 발생하는 일반적인 신체 접촉은 감수해야 하지만, 고의적인 폭력 행위에 대해서는 법적 보호를 받을 수 있음을 보여 주었다.

그렇다면 의도치 않게 당일 갑자기 경기장 상태가 나빠서 난 사고에 대해서도 살펴보겠다.

Lawson v. Salt Lake Trappers, Inc.(1990) 사건에서는 경기장의 상태가 미끄러워서 관중이 부상이 발생한 경우가 다뤄졌다. 법원은 경기장 관리자의 의무를 강조했으며, 내재된 위험의 범위를 넘어서는 위험에 대해서는 관리자가 책임을 질 수 있다고 판결했다. 경기장 상태가 지나치게 나쁜 경우, 이를 날씨 탓으로 아무 일도 하지 않는다면 내재된 위험의 범위를 넘어서고 경기장 관리자로서 아무 일도 하지 않게 할 수 있는 것이라서 법원은 명확히 경기장 관리자로서의 주의 의무를 성실히 하라는 경고로 볼 수 있다. 그 밖에 안전망을 필요한 곳이 아니라 전혀 관중이 없는 곳에 쳐 둔 경기장 관리자는 안전 관리를 다한 것으로 보지 않는다.

야구에서 포수와 주자의 충돌, 투수가 타자를 맞히는 상황, 그리고 경기장 상태로 인해 발생하는 사고들은 일반적으로 '스포츠에서의 내재된 위험' 원칙에 따라 판단된다. 이 원칙에 따르면, 경기 중 발생할 수 있는 통상적인 위험은 참가자가 감수해야 하며, 법적 책임을 묻기 어렵다. 그러나 경기장 상태가 심각하게 나쁘거나, 통상적인 위험의 범위를 넘는 경우에는 법적 책임이 인정될 수 있을 것이다.

4. Free Agency 제도를 도입하게 한 Flood v. Kuhn 사건

Flood v. Kuhn(1972)는 미국 야구 역사에서 매우 중요한 법적 판례로, 1972년 미국 연방 대법원에서 다루어졌다. 이 사건은 메이저 리그 베이스볼(MLB)의 '리저브 클라우스(Reserve Clause)'의 합법성에 대한 논쟁을 중심으로 진행되었다.

Curtis Flood는 세인트루이스 카디널스(St. Louis Cardinals)의 외야수로, 1969년 트레이드가 되었을 때 리저브 클라우스에 반대하며 이적을 거부하고 소송을 제기했다. 리저브 클라우스는 구단이 선수의 계약을 자동적으로 갱신할 수 있도록 하는 조항으로, 선수가 팀을 자유롭게 옮길 수 없도록 제한하는 내용이었다. 리저브 클라우스는 사실상 선수들을 특정 팀에 묶어 두고, 구단 간 트레이드 외에는 이적할 수 없도록 했다. 이로 인해 선수들은 자신의 경력에 대해 큰 통제력을 가지지 못했다.

이 사건의 핵심은 메이저 리그 베이스볼이 반독점법의 적용을 받아야 하는지, 그리고 리저브 클라우스가 그 법을 위반했는지에 대한 것이었다. Flood는 리저브 클라우스가 그의 직업 선택의 자유를 침해하며, 반독점법에 위배된다고 주장했다.

미국 연방 대법원은 5대 3의 판결로 MLB의 리저브 클라우스가 반독점법의 적용을 받지 않는다고 판결했다. 이 판결은 이전의 연방 대법원 판례인 Federal Baseball Club v. National League(1922)에서 야구가 주간 상거래가 아니라는 이유로 반독점법 적용을 받지 않는다고 했던 판결을 재확인한 것이었다.

대법원은 MLB가 오랫동안 반독점법의 예외로 인정되어 왔으며, 만약 이 제도를 변경해야 한다면 이는 법원의 역할이 아니라 의회의 역할이라고 판단했다.

비록 Flood는 법원에서 패소했지만, 그의 싸움은 야구계와 대중에게 큰 영향을 미쳤다. 이후 MLB와 선수 노조 사이의 협상으로 리저브 클라우스가 점차 폐지되었고, 1975년부터 자유계약선수(Free Agency) 제도가 도입되었다. 이는 선수들이 계약이 종료된 후 자유롭게 구단을 선택할 수 있게 된 제도이다. Flood의 용기 있는 행동은 이후 여러 스포츠에서 선수들이 자신의 권리를 찾는 운동에 영향을 미쳤으며, 그는 스포츠 역사에서 중요한 인물로 자리매김하게 되었다. Flood v. Kuhn 사건은 메이저 리그 베이스볼의 역사뿐만 아니라, 미국 스포츠 법률의 중요한 전환점을 이룬 사건으로 기억되었다.

미국 야구 FA 제도의 역사

1. 커티스 플루드의 승리와 리저브 클라우스의 폐지

리저브 클라우스(Reserve Clause)는 메이저 리그 베이스볼(MLB)에서 오랫동안 선수들을 특정 팀에 묶어 두는 역할을 해 왔지만, 1975년에 마침내 폐지되었다. 이 폐지는 앤디 메서스미스(Andy Messersmith)와 데이브 맥널리(Dave McNally)의 중재 결정에서 비롯되었다.

메서스미스와 맥널리는 계약 기간이 종료된 후에도 리저브 클라우스 때문에 소속 팀에 계속 묶여 있었지만, 이를 거부하고 중재를 요청했다. 이 중재에서 판정은 두 선수에게 유리하게 내려졌다. 중재인은 리저브 클라우스가 계약 기간이 종료된 후 선수들이 자유계약선수

(Free Agent)로서 이적할 권리를 제한할 수 없다고 결정했다.
이 중재 결정으로 인해 리저브 클라우스는 사실상 무효화되었으며, MLB에서 자유계약선수 제도가 도입되는 계기가 되었다.

2. 1976년 자유계약의 시작
1976년 시즌부터 선수들은 일정 조건을 충족할 경우 자유계약선수로서 자유롭게 팀을 선택할 수 있게 되었다. 리저브 클라우스의 폐지는 MLB분만 아니라 다른 스포츠에서도 선수들의 권리 강화와 자유계약 제도의 도입에 큰 영향을 미쳤다.
메이저 리그 베이스볼(MLB)에서 자유계약선수(Free Agency) 제도는 리저브 클라우스 폐지 이후 성공적으로 정착하여 1976년부터 공식적으로 시행되었으며, 시간이 지나면서 MLB와 다른 주요 프로 스포츠 리그에서도 선수와 구단 간의 관계를 재정립하는 중요한 제도로 자리 잡았다.
자유계약제도는 선수들이 일정 기간(주로 6년) 소속 팀에서 활동한 후 계약이 만료되면 다른 팀과 자유롭게 계약을 맺을 수 있도록 허용했다. 이로 인해 선수들은 더 나은 조건을 제시하는 팀으로 이적할 수 있는 권리를 가지게 되었고, 이는 선수들의 협상력과 연봉 상승에 기여했다. 자유계약제도가 도입되면서 선수들의 연봉은 크게 상승했고 팀들은 우수한 선수를 영입하기 위해 경쟁적으로 높은 연봉을 제시하게 되었고, 이는 전체적으로 선수들의 소득 수준을 높이는 결과를 가져왔다.
자유계약제도는 구단들 사이에 더 큰 경쟁을 촉진했다. 재정적 여력이 있는 팀들이 스타 선수를 영입할 수 있게 되면서, 팀 간 경쟁이 치열해졌다. 이로 인해 리그 전반의 경쟁 수준이 높아지고, 팬들의 관심을 더 끌게 되었다.

3. CBA(Collective Bargaining Agreement)와의 연계
자유계약제도는 선수노조(MLBPA)와 구단주들 간의 집단 교섭협정(CBA)에 중요한 요소로 자리 잡게 되었다. CBA 협상에서 자유계약과 관련된 규정은 항상 중요한 쟁점이 되었고, 이를 통해 선수들이 더 나은 계약 조건을 확보할 수 있는 기회를 얻게 되었다.
이제 MLB 외에도 NBA, NFL, NHL 등 다른 주요 리그에서도 자유계약 제도는 중요한 제도로 자리 잡고 있다.

5. 좋은 구단을 만나는 것도 선수의 복, 코니그리아로 사건

　Tony Conigliaro는 1967년 보스턴 레드삭스의 외야수로 뛰고 있었으며, 경기 중 투수의 공에 맞아 얼굴에 심각한 부상을 입었다. 이 사고로 인해 그는 시력을 잃고, 경력에 큰 타격을 받았다. Conigliaro는 보스턴 레드삭스를 상대로 구단이 그를 보호하기 위한 충분한 조치를 취하지 않았다고 주장했다. 그는 구단이 투수의 안전 보호 장비(헬멧 등)에 대한 지침을 제대로 따르지 않았거나, 선수의 안전을 충분히 고려하지 않았다는 점에서 책임을 묻고자 했다.
　이 사건에서 법원은 '스포츠에서의 내재된 위험'이라는 원칙을 적용하여, 야구 경기는 본질적으로 위험 요소가 포함된다는 점을 강조했다. 결국 구단의 책임이 인정되지 않았고 법원은 Conigliaro가 본질적으로 경

기에 내재된 위험을 감수해야 한다고 판결했다. 구단이 선수를 보호하기 위해 필요한 최소한의 조치를 취한 경우, 그 이후 발생하는 부상에 대한 책임이 제한된다는 점을 강조한 판례이다.

6. 비정규 선수 사용과 야구선수들의 파업, 오리올스 구단 사건

　Baltimore Orioles v. Major League Baseball Players Association 사건은 메이저 리그 베이스볼(MLB)과 선수 노조(MLBPA) 사이의 법적 분쟁 중 하나로, 1994~1995년 MLB 선수들의 파업과 관련된 중요한 사건 중 하나이다. 이 사건은 파업 기간 동안 구단이 비정규 선수들을 사용하거나, 파업 중 경기를 강행하려는 구단 측의 시도와 관련이 있다.

　1994년 MLB 시즌 중 선수들이 구단주들과의 수익 분배 문제로 파업에 돌입했다. 이는 MLB 역사상 가장 길고, 시즌 전체가 취소된 유일한 파업 사건이었다. Baltimore Orioles 구단은 파업이 계속되는 동안 비정규 선수들(대체 선수)을 사용하는 것에 반대했다. 구단주는 파업에 대응하기 위해 비정규 선수들을 기용하지 않겠다고 선언했으며, 이는 다른 구단들과의 마찰을 야기했다.

　이로 인해 Baltimore Orioles 구단은 MLB의 다른 구단주들과 갈등을 겪었고, 이 갈등은 법적 분쟁으로 이어졌다. MLB는 Orioles가 리그의 규정을 따르지 않았다고 주장했다.

　법원에서는 파업 기간 동안 비정규 선수들을 사용할 수 있는지, Orioles 가 이를 거부할 권리가 있는지에 대한 논쟁이 중점이 되었다. 이 사건은 MLB의 규정과 개별 구단주의 권리 사이에서 법적 충돌을 일으켰는데,

리그 규정과 구단의 결정 범위의 교착점에 대해 법원이 어떤 판결을 내리는지가 관건이었다. Orioles 구단이 MLB의 다른 구단들과 달리 비정규 선수 사용을 거부하면서 발생한 법적 갈등이 중심이었다.

이 사건은 MLB와 Orioles 구단 간의 법적 분쟁이었지만, 당시 법원은 Orioles의 입장을 지지하지 않았다. 법원은 MLB가 리그의 통일성과 규칙을 유지할 권리가 있다고 판단했으며, 이는 구단주들이 개별적으로 반발할 수 없다고 하였다.

그 결과 이 판결은 MLB 리그의 규정을 강화하고, 리그 내에서 일관된 규칙 적용의 중요성을 재확인하는 결과를 낳았다. 결국, 비정규 선수 사용과 관련된 논쟁은 파업이 종료된 후 자연스럽게 사라졌다.

이 사건은 MLB와 구단 간의 권력 관계와 리그 규정의 중요성을 재확인한 사례로 남았다. 또한, 파업과 같은 비상 상황에서 리그의 규정이 어떻게 적용되는지에 대한 법적 기준을 제시한 중요한 사건으로 평가되었다.

미국 야구 리그

1. 메이저 리그
Major League Baseball(MLB)
MLB는 미국과 캐나다를 포함한 북미 지역의 최고 수준의 프로 야구 리그로, 30개 팀이 아메리칸 리그(AL)와 내셔널 리그(NL)로 나뉘어 경기를 치르며, 매년 월드 시리즈를 통해 챔피언을 가린다. MLB는 전 세계에서 가장 유명하고 영향력 있는 야구 리그다.

2. 마이너 리그

(1) Triple-A(AAA)
트리플-A는 마이너 리그의 최상위 수준으로, MLB 팀들의 바로 아래에 위치한 리그다. MLB 팀은 트리플-A 팀을 가지고 있으며, 주로 MLB 로스터에 오르기 직전의 선수들이 뛰는 곳이다. 트리플-A 리그는 International League와 Pacific Coast League로 나뉜다.

(2) Double-A(AA)
더블-A는 트리플-A 바로 아래에 위치한 마이너 리그로, Eastern League, Southern League 그리고 Texas League로 구성되며, 이곳에서는 MLB로의 승격을 목표로 하는 유망주들이 주로 활약한다.

(3) High-A
하이-A는 더블-A 아래에 위치한 리그로, Carolina League, Midwest League 그리고 Northwest League로 나뉜다. 이 리그는 선수들이 더 높은 수준으로 발전하기 위해 거치는 단계 중 하나이다.

(4) Single-A
싱글-A는 마이너 리그 중 네 번째 수준의 리그로, Low-A와 High-A로 나뉜다. 이 리그에서는 주로 신인 선수들이 기초적인 프로 경험을 쌓으며, 자주 드래프트된 선수들이 배치된다.

(5) Rookie League
루키 리그는 가장 낮은 수준의 마이너 리그로, 주로 신인 선수들이 첫 프로 경험을 쌓는 곳이다. 이 리그는 Complex-based Rookie League와 Advanced Rookie League로 나뉘며, 대부분의 경기가 팀 훈련 시설에서 진행된다.

3. 독립 리그

(1) Atlantic League
Atlantic League는 독립 리그 중에서 가장 높은 수준으로 평가받는 리그 중 하나이자 MLB의 제휴를 받지 않는 독립적인 리그로, 베테랑 선수들이나 MLB로 복귀를 꿈꾸는 선수들이 뛰는 곳이다.

(2) American Association
American Association은 또 다른 독립 리그로, 중서부 및 남부 지역을 중심으로 운영된다. 이 리그 역시 독립적으로 운영되며, 많은 재능 있는 선수들이 경력을 이어 가기 위해 이곳에서 활약한다.

(3) Frontier League
Frontier League는 중서부 및 북동부 지역에서 운영되는 독립 리그다. 1993년에 설립된 이 리그는 젊은 선수들이 MLB 스카우트들의 주목을 받을 수 있는 기회를 제공하는 것으로 유명하다.

4. 세미프로 및 아마추어 리그

(1) Cape Cod Baseball League(CCBL)
CCBL은 미국에서 가장 유명한 대학 여름 리그 중 하나로, 주로 대학 선수들이 참가하여 여름 동안 실력을 연마한다. 이 리그는 MLB 스카우트들에게 주목받는 리그로, 많은 MLB 스타들이 이곳을 거쳐 갔다.

(2) Northwoods League
Northwoods League는 중서부 지역에서 운영되는 대학 여름 리그로, 많은 대학 선수들이 참가한다. 이 리그 역시 스카우트들의 관심을 받는 리그 중 하나이다.

(3) National Baseball Congress(NBC)
NBC는 미국의 세미프로 및 아마추어 팀들이 참여하는 전국 대회다. 매년 여름, 캔자스주 위치타에서 NBC 월드시리즈가 열리며, 미국 전역의 팀들이 참가한다.

5. 청소년 리그 및 아카데미 리그

(1) Little League Baseball
리틀 리그 베이스볼은 세계에서 가장 유명한 청소년 야구 조직으로, 4세부터 16세까지의 어린이들이 참가할 수 있다. 매년 여름에 열리는 리틀 리그 월드시리즈는 세계적으로 주목받는 이벤트이다.

(2) Babe Ruth League
베이브 루스 리그는 13세에서 18세까지의 청소년들을 위한 리그로, 미국 전역에서 운영된다. 이 리그는 청소년들이 더 높은 수준의 경기 경험을 쌓을 수 있는 기회를 제공한다.

7. 야구와 방송

(1) Major League Baseball v. CBS, Inc.(1954)

이 사건은 메이저 리그 베이스볼(MLB)과 CBS 간의 방송권 계약에 관한 법적 분쟁이었다. CBS는 MLB 경기를 방송할 권리를 보유하고 있었지만, 계약 조항에 대한 해석을 둘러싸고 양측 간의 갈등이 발생했다. 특히, 계약 조건에 따른 방송권의 범위와 CBS의 권리 행사 방식이 논란의 중심이었다.

주요 쟁점은 MLB가 CBS에 부여한 방송권의 범위와 CBS가 이를 행사하는 과정에서의 권리 남용 여부였다. 이 사건은 경기 방송의 독점권과 계약 이행에 대한 해석이 핵심이었다.

법원은 CBS가 MLB와의 계약에 따라 특정 권리를 보유하고 있었으나, 이 권리를 행사하는 과정에서 계약 조건을 엄격하게 준수해야 한다고 판결했다. 이는 방송사와 리그 간의 계약이 얼마나 중요한지를 보여 주는 판례로 남았다.

이 사건은 스포츠 경기의 방송권이 단순히 경기 중계에 그치는 것이 아니라, 리그와 방송사 간의 복잡한 계약 조건과 법적 해석에 의해 결정된다는 점을 강조했다.

(2) 야구선수의 초상권

1) Haelan Laboratories, Inc. v. Topps Chewing Gum, Inc. (1953)

이 사건은 미국 법원에서 퍼블리시티권의 개념을 확립한 최초의 판례 중 하나이다. Haelan Laboratories는 야구선수들의 초상권을 사용하여 껌 카드를 제작하고 있었는데, Topps Chewing Gum이 무단으로 선수들의 이미지를 사용하면서 법적 분쟁이 발생했다.

법원은 선수들이 자신들의 이름과 이미지에 대해 상업적 사용을 통제할 권리가 있다고 판결했으며, 이를 통해 퍼블리시티권의 법적 근거를 확립했다. 이 판결은 스포츠 선수들이 자신의 이미지와 관련된 권리를 보호할 수 있는 중요한 법적 도구를 제공했다.

2) Zacchini v. Scripps-Howard Broadcasting Co.(1977)

이 사건은 퍼블리시티권이 미디어에서 어떻게 적용되는지를 다룬 중요한 사례이다. 인간 대포알 묘기를 수행하는 Zacchini는 그의 퍼포먼스 전체가 뉴스에서 방송되자 방송사를 상대로 소송을 제기했다. 미국 연방 대법원은 Zacchini의 퍼블리시티권을 인정하며, 방송사가 그의 퍼포먼스를 무단으로 방송한 것이 그의 상업적 권리를 침해했다고 판결했다. 이 판례는 선수들의 퍼블리시티권이 미디어에 의해 침해될 수 없음을 명확히 했다.

3) Keller v. Electronic Arts Inc.(2013)

NCAA 대학 미식축구 선수였던 Sam Keller는 비디오 게임 제작사

Electronic Arts(EA)가 그의 이미지와 관련된 권리를 무단으로 사용했다고 주장하며 소송을 제기했다.

   법원은 Keller의 퍼블리시티권을 인정하며, EA가 Keller의 허락 없이 그의 이름과 외모를 사용한 것은 권리 침해라고 판결했다. 이 판결은 스포츠 비디오 게임 제작에 있어 퍼블리시티권의 중요성을 부각시켰다.

   야구선수의 초상권을 사용하기 위해 스포츠 리그, 팀, 협찬사는 계약을 체결하는 것이 좋고 이미 제작된 이미지를 사용할 때는 라이선스 계약을 체결해야 한다. 이를 통해 자신들의 이미지가 상업적으로 사용될 때 수익이 발생하면 수익에 대한 권리를 보호할 수 있고 퍼블리시티권 침해에 기한 소송을 제기할 수 있다.

제2절 야구와 법

1. 연방 반독점법(Sherman Antitrust Act)을 적용받지 않고 있는 미국 야구

셔먼 반독점법은 1890년에 제정된 법률로, 미국 내 상업 활동에서 독점 및 반경쟁적인 행위를 금지한다. 그러나 야구는 특이하게도 반독점법의 적용을 면제받고 있다.

1922년 미국 대법원은 Federal Baseball Club v. National League 사건에서 프로 야구가 주간 상업 활동이 아니라는 이유로 셔먼 반독점법의 적용을 받지 않는다고 판결하였다. 이 판결은 야구의 반독점 면제를 확립했으며, 이후에도 여러 차례 법적 도전이 있었으나 반독점 면제는 계속 유지되고 있다.

Federal Baseball Club v. National League(1922)는 미국 대법원에서 1922년에 판결된 중요한 사건으로, 메이저 리그 베이스볼(MLB)이 미국의 연방 반독점법의 적용을 받지 않는다는 법적 원칙을 확립한 판례이다. 이 판결은 MLB가 독점적인 리그로 운영되는 데 중요한 법적 보호막이 되었다.

Federal Baseball Club of Baltimore, Inc.는 연방 리그(Federal League)라는 새로운 프로 야구 리그의 일원으로, 기존의 내셔널 리그(National League)와 아메리칸 리그(American League)가 불법적으로 독점권을 행사하여 연방 리그를 파괴했다고 주장하며 소송을 제기했다. 내셔널 리그와 아메리칸 리그는 기존의 MLB 팀들이 소속된 리그로, 연방 리그를 경쟁에서 배제하기 위해 독점적 행위를 했다는 혐의를 받았다.

그러자 정부는 메이저 리그 베이스볼이 상거래에 종사하는 조직인지, 그리고 미국의 연방 반독점법이 야구 리그에 적용될 수 있는지를 따졌는데, 미국 대법원은 메이저 리그 베이스볼이 주간 상거래를 직접적으로 포함하지 않는다는 이유로, 연방 반독점법의 적용을 받지 않는다고 만장일치로 판결을 내렸다. 야구 경기가 본질적으로 지역 활동이며, 주간 상거래로 간주될 수 없다는 논리였다.

대법원은 야구 경기가 관중이 이동할 수 있는 상업적인 성격을 가지고 있음에도 불구하고, 그 자체가 주간 상거래 활동이 아니라고 판단했다. 이는 스포츠 리그, 특히 야구 리그가 반독점법의 적용에서 면제될 수 있는 선례를 제공했다.

이 판결은 MLB가 독점적 지위를 유지하는 데 중요한 법적 보호를 제공했다. 이후 수십 년간 MLB는 다른 스포츠 리그와 달리 반독점법의 적용을 받지 않았으며, 이는 리그 운영 및 팀 간의 협의 구조에 큰 영향을 미쳤다. 또한 다양한 리그가 만들어지면서 이 판결 이후에도 여러 차례 반독점법과 관련된 소송이 있었지만, MLB가 반독점법의 적용에서 면제된다는 법적 입장을 굳건히 하는 데 기여했다.

현재도 메이저 리그 베이스볼(MLB)은 대부분의 경우 연방 반독점법의 적용을 받지 않는데 1953년의 Toolson v. New York Yankees 사건과 1972년의 Flood v. Kuhn 사건에서도 대법원은 이 예외를 확인했다. 이들 판결에서 대법원은 야구가 역사적으로 법적 예외로 다루어져 왔으며, 이러한 예외가 지속되어야 한다고 판단했다.

반독점법 면제가 MLB 전체에 적용되는 것은 아니며, 일부 제한은 존재한다. 예를 들어, 1998년 미국 의회는 Curt Flood Act(커트 플러드법)를 통과시켜, MLB 선수들과 관련된 특정 노동 문제에 대해서는 반독점법이 적용될 수 있도록 했다. 이 법은 주로 선수의 자유계약선수(Free Agency) 제도와 관련된 권리를 보호하기 위해 제정되었다.

반독점법 면제는 여전히 논쟁의 여지가 있다. 일부 법학자, 정치인, 그리고 선수들은 MLB의 이 예외가 불공정하며 현대 스포츠 시장에서 재검토되어야 한다고 주장하기 때문이다. 특히, 팀의 이동과 관련된 문제나, 시장 독점과 관련된 문제에서 이 면제가 재고되어야 한다는 견해가 있다. 이와 같이 야구가 연방 반독점법의 적용을 받아야 한다고 주장하는 법학자들은 여러 명이 있으며, 그중에서 특히 마빈 밀러(Marvin Miller)와 브래드 스나이더(Brad Snyder)는 이러한 주장을 강하게 펼친 인물들로 알려져 있다.

마빈 밀러는 메이저 리그 베이스볼 선수노조(MLBPA)의 첫 번째 전무이사로, 선수들의 권리와 반독점법 적용 문제에 대해 강하게 목소리를 냈다. 밀러는 리저브 클라우스(Reserve Clause) 폐지와 자유계약선수(Free Agency) 제도의 도입을 주도했으며, MLB의 반독점법 면제가 선수들의 권익 보호에 불리한 결과를 초래한다고 주장했다. 브래드 스나이더 역시 법학자이자 역사가로, MLB의 반독점법 면제와 관련된 여러 글과 연구를 통해 이를 비판했는데 그는 《A Well-Paid Slave》라는 저서에서 커트 플러드(Curt Flood) 사건을 다루며, 반독점법 면제가 선수들에게 미치는 부정적인 영향을 분석했다. 스나이더는 현대 스포츠 산업에서 반독점법 면제가 더 이상 정당화될 수 없다고 주장했다.

이 외에도 여러 법학자와 경제학자들이 MLB의 반독점법 면제가 경쟁을 저해하고, 시장 독점을 유지하는 데 기여한다고 주장하고 있다. 그들은 스포츠 리그가 더 공정하고 경쟁력 있는 시장을 유지하기 위해 반독점법의 적용을 받아야 한다고 주장한다. 나는 머지않아 MLB도 공정성과 경쟁력을 가지기 위해 반독점법의 적용을 받게 될 것으로 본다.

2. Curt Flood Act of 1998

앞서 살펴본 커트 플러드(Curt Flood) 사건은 1969년에 메이저 리그 베이스볼(MLB)에서 선수들의 자유계약선수(Free Agency) 제도의 기틀을 마련하는 데 중요한 역할을 한 사건이다. 이 사건은 MLB의 리저브 클라우스(Reserve Clause)와 관련된 법적 투쟁으로, 선수들의 권리와 MLB의 계약 시스템을 크게 변화시켰다.

커트 플러드는 세인트루이스 카디널스(St. Louis Cardinals)의 외야수로, 1960년대에 여러 번 올스타에 선정되었고, 뛰어난 수비력으로 유명했다. 1969년 시즌이 끝난 후, 플러드는 카디널스에서 필라델피아 필리스(Philadelphia Phillies)로 트레이드되었는데, 이 트레이드를 받아들이지 않고, 이를 거부했다.

당시 MLB의 리저브 클라우스는 구단이 선수의 계약을 자동으로 갱신할 수 있도록 하는 조항으로, 사실상 선수들이 자유롭게 팀을 옮길 수 없도록 제한했다. 이 때문에 선수들은 계약이 만료되더라도 새로운 구단과 협상할 권리가 없었다.

플러드는 필리스로의 이적을 거부하며, MLB 커미셔너인 보위 쿠언(Bowie Kuhn)을 상대로 소송을 제기했다. 그는 리저브 클라우스가 자신의 직업 선택의 자유를 침해한다고 주장하며, 이 조항이 반독점법을 위반한다고 주장했다.

플러드의 변호인은 MLB가 반독점법의 적용을 받아야 하며, 리저브 클라우스가 선수의 자유를 부당하게 제한한다고 주장했지만, 플러드는 선수들이 계약 종료 후 자유롭게 다른 팀과 협상할 수 있어야 한다고 믿었다. 1972년 미국 대법원은 5대 3의 판결로 플러드의 주장을 기각했다. 대법원은 MLB가 오랫동안 반독점법의 예외로 인정되어 왔으며, 이를 변경하는 것은 법원이 아닌 의회의 역할이라고 판단했다. 이 판결은 MLB의 리저브 클라우스가 합법적이라고 인정했다. 비록 플러드는 법정에서 패소했지만, 그의 싸움은 야구계에 큰 영향을 미쳤다. 그의 행동은 선수들의 권리를 위한 중요한 계기가 되었고, 이후 MLB와 선수노조(MLBPA) 간의 협상을 통해 자유계약선수 제도가 도입되었다. 1975년 앤디 매서스미스(Andy Messersmith)와 데이브 맥널리(Dave McNally) 사건을 통해 리저브 클라우스는 사실상 폐지되었고, 선수들은 계약이 만료된 후 자유롭게 구단을 선택할 수 있는 권리를 얻게 되었다. Curt Flood Act of 1998는 미국 의회가 제정한 법으로, 메이저 리그 베이스볼(MLB) 선수들에게 연방 반독점법의 일부 보호를 적용하도록 한 법률이다. 이 법은 커트 플러드(Curt Flood)의 이름을 따서 명명되었으며, MLB의 반독점법 면제를 제한하는 중요한 법적 변화로 평가된다.

이 법의 주요 내용은 첫째, 선수들에 대한 반독점법 적용이다. 이 법은 MLB 선수들이 자유계약선수(Free Agency) 제도와 관련된 협상 및 계약에서 연방 반독점법의 보호를 받을 수 있도록 했다. 즉, MLB가 선수의 계약이나 이적에 관한 협상에서 불공정하거나 독점적인 관행을 시행할 경우, 이 법에 의해 법적 책임을 물을 수 있다. 둘째, 리그 운영 및 기타 활동에 대한 면제 유지이다. 그러나 이 법은 MLB의 다른 운영 활동에 대해서는 기존의 반독점법 면제를 그대로 유지했다. 예를 들어, 팀의 이동, 방송권 계약, 리그 확장 등의 활동은 여전히 반독점법의 적용을 받지 않는다. 셋째, 법률의 목적은 선수들이 리저브 클라우스와 같은 제도에서 벗어나 자유롭게 계약을 협상할 수 있도록 하면서도, 리그 전체의 운영과 관련된 기존의 법적 면제는 유지하는 것이다. 의회는 이 법을 통해 선수들의 권리를 보호하면서도, MLB의 독특한 리그 구조를 유지하는 균형을 이루고자 했다.

3. 노동 관리 관계법
   (Labor Management Relations Act, LMRA)

이 법은 노동자와 경영진 간의 관계를 규율하며, 노동조합의 권리와 집단 교섭의 절차를 보호하는 법이다. 야구선수들은 노조(MLBPA, Major League Baseball Players Association)를 통해 집단 교섭을 진행하며, 이 법은 선수들의 임금, 근로 조건, 자유계약 선수 자격 등의 중요한 협상에 영향을 미친다.

LMRA는 또한 파업과 잠금(잠금이란 사용자가 노동자들을 근로 장소에서 배제하는 것을 의미함)과 같은 노동 쟁의 상황에서도 중요한 역할을 한다.

4. Sports Broadcasting Act of 1961

「Sports Broadcasting Act of」 1961은 미국의 프로 스포츠 리그가 TV 방송권을 집합적으로 판매할 수 있도록 허용하는 법률로서 MLB와 같은 프로 스포츠 리그는 이 법을 통해 전국적으로 경기 방송권을 판매할 수 있다. 이 법은 특정 지역에서만 방송할 수 있는 지역 시장 독점권을 보호하며, 리그가 수익을 공유할 수 있게 해 준다.

　1961년에 제정된 이 법은 프로 스포츠 리그가 텔레비전 방송권을 협상하고 판매할 때, 이를 하나의 단체로 간주하도록 하여, 리그가 방송권을 일괄적으로 판매할 수 있도록 허용했다. 이는 리그가 개별 팀이 아닌 리그 전체의 이익을 위해 방송 계약을 체결할 수 있게 함으로써, 반독점법의 적용을 면제받도록 했다. 이 법은 리그가 방송 수익을 전체 팀 간에 공정하게 분배할 수 있도록 하여, 리그 내 경제적 균형을 유지하는 데 중요한 기여를 했다. 부유한 팀이 독점적으로 방송권을 판매하여 수익을 챙기기보다, 모든 팀이 동등한 수익을 얻을 수 있게 된 것이다. 법의 적용은 프로 스포츠 리그에만 해당되며, 대학 및 고등학교 스포츠는 제외되었다. 이로 인해 대학 스포츠 리그와 고등학교 스포츠는 중앙에서 방송권을 일괄적으로 판매하는 행위에 대해 반독점법의 적용을 받게 된다. 이 법은 프로 스포츠의 방송권 판매와 관련된 시장을 크게 변화시켰다. 이는 스포츠 방송의 상업화를 촉진했으며, 리그가 경제적으로 더 강력해지는 데 기여했다. 또한 리그 내 팀 간의 경제적 불균형을 줄이고, 모든 팀이 동등하게 경쟁할 수 있는 환경을 조성하는 데 중요한 역할을 했다.

　이 법은 오늘날에도 여전히 유효하며, 미국 프로 스포츠 리그의 방송권 계약 구조와 리그 운영에 중요한 법적 토대를 제공하고 있다.

　MLB가 중앙에서 방송권 계약을 체결하거나 리그 운영을 통제하는 과정에서 반독점법의 규제를 받지 않음으로써, MLB라는 리그가 하나의 단체로 존중받으며 방송 수익을 리그 내 모든 팀 간에 공정하게 배분하는 시스템을 구축할 수 있었다. 이는 리그의 경제적 안정성과 경쟁 균형을 유지하는 데 기여했다. 그러나 반독점법 면제는 해당 산업이나 조직이 특정한 이유로 반독점법의 규제에서 자유로울 수 있도록 하는 것이지만, 반독점법 면제가 특정 기업이나 산업에 과도한 시장 지배력을 허용하여 경쟁을 저해할 수 있다는 비판이 제기될 수도 있다.

5. Fair Labor Standards Act(FLSA)

FLSA는 최저임금, 초과근무 수당, 아동 노동 규제 등을 포함한 미국의 노동법이다. MLB와 마이너 리그 선수들은 이 법에 따라 최소한의 임금을 보장받고 있다. 그러나 마이너 리그 선수들은 일반적으로 최저임금법의 적용을 완전히 받지 못하며, 이는 마이너 리그 선수들의 저임금 문제로 이어지기도 한다.

우리나라 역시 단일 야구 리그의 문제가 전혀 없는 것은 아니지만 마이너 리그를 만들지 말아야 한다고 주장하는 스포츠법학자들의 생각은 시장이 큰 미국조차 마이너 리그 선수들의 저임금 문제가 심각하기 때문이다.

마이너 리그 선수들의 저임금 문제는 미국에서 오랫동안 심각한 사회적, 경제적 문제로 지적되어 왔다. 마이너 리그 선수들은 메이저 리그 선수들에 비해 현저히 낮은 임금을 받고 있으며, 이는 선수들이 기본적인 생활을 유지하는 데 어려움을 겪게 하는 중요한 문제로 간주된다.

일단 마이너 리그 선수들은 시즌 동안 매우 낮은 임금을 받는다. 2021년 기준으로, 마이너 리그 선수들의 주급은 보통 다음과 같은데 루키 및 단일 A(초급): 주당 약 $400, 고급 단일 A: 주당 약 $500, 이중 A: 주당 약 $600, 삼중 A: 주당 약 $700라고 생각하면 된다. 이 금액은 시즌 동안만 지급되며, 비시즌 동안에는 대부분의 선수들이 별도의 수입원을 찾아야 하는 상황이다. 특히 가족을 부양해야 하는 선수들에게는 큰 경제적 부담이 된다.

　또한 마이너 리그 선수들은 대부분의 생활비(주거비, 식비, 교통비 등)를 스스로 부담해야 한다. 이러한 비용을 감당하면서 낮은 임금으로 생활하는 것은 매우 어려운 일이며, 많은 선수들이 추가적인 아르바이트를 통해 생계를 유지한다. 마이너 리그 선수들은 경기 외에도 훈련, 여행, 기타 팀 활동 등으로 많은 시간을 보내지만, 이 시간에 대한 보상은 충분하지 않다. 일부 선수들은 사실상 최저임금 이하의 수입을 벌고 있는 셈이다. 마이너 리그 선수들은 노동법 적용에서 일부 예외를 받으며, 이는 그들의 낮은 임금 문제를 더욱 악화시키고 있는데 이는 2018년에 통과된 「미국의 대표오락보호법(Save America's Pastime Act)」 때문이라고 할 수 있다.

　즉, 「공정근로기준법 (Fair Labor Standards Act, FLSA 연방최저임금법이라고 한다)」가 있음에도 불구하고 2018년에 통과된 「Save America's Pastime Act」는 마이너 리그 선수들이 연장 근무 수당이나 최저임금 법률의 보호를 받지 못하도록 하는 법적 근거를 제공했다.

　최근 몇 년 동안 선수노조와 옹호 단체들이 마이너 리그 선수들의 처우 개선을 위해 목소리를 높이고 있고 2021년 MLB는 마이너 리그 선수들의 임금을 일부 인상했지만, 여전히 많은 이들이 이 문제에 대한 근본적인 해결책이 필요하다고 주장하고 있다. 또한, 주거비 지원과 같은 추가적인 복지 혜택도 논의되고 있다. 이와 같은 마이너 리그 선수들의 저임금 문제는 여전히 심각하며, 이는 선수들의 생활 수준과 경기력에 영향을 미칠 수 있는 중요한 문제로 간주된다고 볼 수 있다.

　「Save America's Pastime Act」는 2018년에 통과된 미국 연방 법률로, 마이너 리그 베이스볼(MLB) 선수들의 근로 시간 및 임금과 관련된 규정을 다루는데 이 법은 주로 마이너 리그 선수들이 미국의 연방 최저임금법(「Fair Labor Standards Act, FLSA」)의 보호를 받지 못하도록 예외를 설정하는 내용을 담고 있어 악법으로 불리는 스포츠법이다.

이 법은 마이너 리그 선수들이 연방 최저임금법의 적용을 받지 않도록 하는 예외를 명확히 규정하고 있다. 즉, 마이너 리그 구단들이 선수들에게 최저임금을 지급하지 않더라도 법적 문제에서 자유로울 수 있도록 허용한다. 마이너 리그 선수들은 연장 근무 수당(Overtime pay)을 받을 권리가 없다. 이는 시즌 중에 많은 시간을 경기와 훈련에 보내는 선수들이 그에 대한 추가적인 보상을 받을 수 없다는 것을 의미한다. 또한 마이너 리그 선수들은 비시즌 기간에 훈련이나 관련 활동에서도 최저임금법의 보호를 받지 않는다. 이는 선수들이 비시즌 동안 추가적인 수입을 벌어야 할 필요성을 강조한다. 이 법은 마이너 리그 선수들의 낮은 임금 문제를 더욱 악화할 수 있다는 비판을 받았다. 많은 사람들은 이 법이 선수들의 경제적 어려움을 해결하기보다 오히려 심화시킬 수 있다고 주장했다. 법안 지지자들은 이 법이 마이너 리그 팀들이 운영 비용을 관리하는 데 도움을 주어, 소규모 시장의 팀들이 경제적으로 지속 가능하도록 유지하는 데 기여한다고 주장했다.

결과적으로, 「Save America's Pastime Act」는 마이너 리그 선수들의 임금과 관련된 법적 보호를 제한하는 내용을 담고 있으며, 이는 선수들의 경제적 처우에 대한 중요한 논란을 불러일으켰다.

6. Major League Rules(메이저 리그 규정)

Major League Rules는 메이저 리그 베이스볼(MLB)의 운영과 관련된 규정, 선수 계약, 드래프트, 트레이드, 로스터 관리 등 다양한 측면을 규율하는 규칙으로 이 규칙은 MLB와 각 팀이 일관되게 운영되도록 하고, 리그의 공정성과 질서를 유지하는 데 중요한 역할을 한다.

(1) 선수 계약과 로스터 관리

각 MLB 팀은 시즌 중에 40명의 선수를 보유할 수 있는 로스터를 유지하며 이 로스터에 포함된 선수들만 메이저 리그 경기에서 출전할 수 있다. 경기 중에 출전할 수 있는 선수 수는 시즌 중에 25명에서 26명으로 제한된다. 선수는 마이너 리그로 내려보낼 수 있는 연간 옵션을 가지고 있으며, 이는 선수의 계약 상태와 관계없이 사용할 수 있다. 각 선수는 3년 동안 매년 한 번씩 마이너 리그로 내려보낼 수 있는 옵션이 주어진다.

(2) 드래프트 규정

MLB는 매년 아마추어 드래프트를 통해 새로운 선수를 지명한다. 팀들은 순위에 따라 신인 선수를 선택하며, 드래프트에서 지명된 선수들과 계약을 맺어야 한다. 마이너 리그에 소속된 선수들이 일정 기간 동안 메이저 리그 로스터에 등록되지 않으면, 다른 팀이 그 선수를 지명하여 데려갈 수 있다. 이는 유망주들이 너무 오래 마이너 리그에 머무르지 않도록 하고, 다른 팀에서 기회를 찾을 수 있도록 돕는다.

(3) 트레이드 규정

MLB는 시즌 중에 팀 간의 트레이드를 제한하는 기간이 있으며, 일반적으로 7월 말이 데드라인이다. 이 기간 이후에는 제한적인 조건에서만 트레이드가 허용된다. 트레이드 데드라인 이후, 선수를 트레이드하기 위해서는 그 선수가 웨이버를 통과해야 한다. 웨이버는 다른 팀들이 해당 선수를 클레임할 수 있는 기회를 제공하는 절차이다.

(4) 자유계약선수(Free Agency)

일정 기간 동안 메이저 리그에서 활약한 선수는 자유계약선수가 되어 자신의 소속 팀과 계약하지 않고, 다른 팀과 자유롭게 계약을 맺을 수 있다. 자유계약선수 자격은 일반적으로 6년의 서비스 기간을 채운 선수에게 주어진다.

(5) 경기 운영 규정

MLB는 경기의 공정성과 일관성을 유지하기 위해 다양한 규칙을 설정하고 있으며, 이는 경기 중에 어떻게 심판이 판정을 내려야 하는지, 비디오 리플레이 사용, 경기 속도 등을 포함한다.

7. 기타 법령

그 밖에 야구 관련 법령으로는 사고에 대해 주의 의무(Duty of Care)와 관련된 검색어로 많은 사건을 연방대법원에서 검색할 수 있다. 이때 '주의 의무'는 팀, 코치, 대회 조직자가 선수의 안전을 보장하기 위해 안전한 환경을 제공하고, 적절한 장비와 훈련을 제공해야 할 의무를 의미한다. 즉, 선수가 만약 부상이 부적절한 안전 조치, 잘못된 코칭, 또는 불량한 장비 때문에 발생했다면, 책임 있는 당사자가 손해배상 책임을 져야 하는 것이다.

또한 계약상의 책임을 정확히 묻기 어려운 경우에는 위험 부담, 영미법상으로는 위험 인수(Assumption of Risk)와 관련된 검색어로 많은 사건을 검색할 수 있을 것이다. '위험 인수'는 스포츠법에서 선수가 스포츠에 내재된 위험을 자발적으로 수용한다는 법적 원칙이다.

이는 경기 중 일반적인 상황에서 발생하는 부상에 대해 책임을 제한할 수 있어 교통사고의 피해자가 도로에 들어가는 경우의 과실상계와 같이 스포츠에 들어가는 자가 일부 스포츠가 주는 내재된 위험에 자신을 밀어 넣었기 때문에 일부 위험을 수용하는 개념이라고 할 수 있다. 특히 이를 직업으로 선택하는 선수는 경기 중 예상되는 위험이 선수들에 의해 수용되었음을 전제로 하며, 팀과 리그가 특정 책임을 면할 수 있도록 보호한다.

스포츠를 가능하게 하는 것은 스포츠와 관련한 제품들이다. 그러므로 제품 책임(Product Liability)은 스포츠 장비 제조업체와 유통업체가 제품의 안전을 보장해야 할 책임을 의미한다. 만약 부상이 결함이 있는 장비로 인해 발생한 경우, 제조업체가 책임을 질 수 있다. 결함 있는 장비로 부상당한 선수는 제품 책임법에 따라 제조업체나 유통업체를 상대로 보상을 청구할 수 있다.

많은 스포츠 리그에서 중요한 문제 중 하나는 머리 부상인데 다른 부상보다 머리 부상은 심각한 장기적 영향을 주는 문제로 인식하기 때문에 NFL 같은 경우는 세부적인 규정을 가지고 있을 정도이다. 뇌진탕 프로토콜을 준수하지 않을 경우, 해당 리그나 팀은 장기적 건강 문제에 대한 책임을 질 수 있다.

그 밖에 프로 운동선수는 산업재해 보상(Workers' Compensation)의 범위에 대해 종종 다투는데 이는 경기 중 부상으로 인해 제공되는 의료 치료, 재활, 임금 보상을 포함한다. 산업재해 보상은 선수가 고용주(팀)를 상대로 직접 소송을 제기하는 능력을 제한할 수 있지만, 불공정 약관이 되지 않으려면 필요한 지원을 보장하여야 반독점법 위반이 되지 않는다.

많은 스포츠 조직은 선수에게 부상 시 조직의 책임을 제한하는 면책 조항에 서명하도록 요구하고 스포츠를 하게 한다. 이때 스포츠에 있어서 면책 및 책임 포기(Waivers and Releases)가 조직이 특정 책임에서 보호받도록 하지만, 중대한 과실이나 고의적 위법 행위에 대해서는 보호하지 못할 수 있으며 야구선수를 보호할 수 있는지 아마추어들은 보다 신중히 입회를 결정해야 할 것이다.

제2장

농구

제2장 농구

제1절 농구와 사건

1. 헤이우드 사건

Haywood v. National Basketball Association는 1971년에 미국 대법원에서 결정된 중요한 법적 사건으로, 프로 농구 선수 스펜서 헤이우드(Spencer Haywood)가 NBA를 상대로 제기한 소송이다. 이 사건은 프로 스포츠에서 선수들이 리그에 진입하기 위한 자격 요건에 대한 법적 기준을 크게 바꿔 놓았다.

스펜서 헤이우드는 고등학교를 졸업한 후, 대학에서 2년만을 마친 상태에서 프로 농구에 입문하기를 원했다. 그는 1969-1970 시즌에 ABA(당시 NBA와 경쟁하던 리그)에서 뛰었고, 그다음 시즌에 NBA의 시애틀 슈퍼소닉스와 계약을 맺었다.

당시 NBA는 선수들이 고등학교를 졸업한 후 최소 4년이 지나야 리그에 입문할 수 있다는 규정을 가지고 있었다. 이는 사실상 대학 졸업자만이 NBA에서 뛸 수 있도록 제한한 것이었다.

헤이우드는 NBA의 이 규정이 그의 직업 선택의 자유를 침해한다고 주장하며 소송을 제기했다. 그는 프로리그에서 뛰기를 원하지만, 이 규정으로 인해 그 기회를 박탈당했다고 주장했다.

이 사건은 NBA의 규정이 반독점법(Sherman Antitrust Act)을 위반하는지를 다뤘다.

미국 대법원은 헤이우드의 손을 들어 주었고, NBA의 규정이 반독점법을 위반한다고 판결했다. 대법원은 이 규정이 선수들의 자유로운 이동을 제한하고, 리그에 진입할 수 있는 자격을 부당하게 제한했다고 판단했다.

　이 판결은 이후 NBA가 '하드십 케이스(Hardship Cases)'라는 예외를 두어 고등학교 졸업 후 4년을 채우지 못한 선수들도 리그에 입문할 수 있도록 하는 계기를 마련했다. 이는 오늘날 '얼리 엔트리(Early Entry)' 규정으로 발전하여, 일정 조건을 충족하면 대학을 졸업하지 않고도 NBA에 입문할 수 있게 해 주었다. 이 판결은 이후 프로 스포츠에서 선수들의 권리 보호와 관련된 중요한 선례가 되었으며, 특히 젊은 선수들이 프로 경력으로 진출하는 데 있어 더 많은 자유와 선택권을 보장받을 수 있게 했다. 이는 NBA의 선수 인재 풀에 큰 영향을 미치게 한 판결로 평가받았다.

2. 샐러리 캡 협상 사건

(1) NBA가 시행하려는 샐러리 캡(Salary Cap)과 자유계약선수에 대한 규정

　샐러리 캡(Salary Cap)과 자유계약선수(Free Agency)는 NBA에서 팀 간의 경쟁 균형을 유지하고, 리그 운영의 공정성을 보장하기 위해 도입된 중요한 제도들이다. 이 두 제도는 NBA의 경제 구조와 선수 이동의 자유를 조정하는 핵심적인 규정들로, 리그의 성공적인 운영에 큰 영향을 미치고 있다.

　먼저 샐러리 캡은 부유한 팀들이 지나치게 많은 돈을 쓰는 것을 제한함으로써, 모든 팀이 공정하게 경쟁할 수 있는 환경을 조성하는 데 중요한 역할을 한다.

다음으로 자유계약제도는 선수들에게 자신들의 가치를 극대화할 수 있는 기회를 제공하며, 팀 간의 선수 이동을 활성화하여 리그의 역동성을 높인다.

NBA는 시대에 따라 샐러리 캡의 금액과 자유계약 규정을 조정해 왔으며, 이는 리그의 재정 상태, 선수 협회의 요구, 방송 계약 등 다양한 요인에 영향을 받는다. 예를 들어, 2020년 팬데믹 기간 동안 리그는 샐러리 캡과 관련된 규정을 유연하게 운영하여 팀들의 재정 부담을 덜어 주었다.

이러한 제도들은 NBA가 세계 최고의 농구 리그로서 계속해서 발전할 수 있도록 중요한 역할을 하고 있으며, 팀과 선수 간의 관계를 규율하는 핵심적인 법적 장치로 기능하고 있다.

1) 샐러리 캡(Salary Cap)

샐러리 캡은 NBA 팀이 선수들의 연봉으로 지출할 수 있는 총금액에 상한선을 두는 제도로서 이 규정은 리그 내 모든 팀이 공정한 조건에서 경쟁할 수 있도록 하기 위한 장치이다.

샐러리 캡에는 하드 캡과 소프트 캡이 있는데 하드 캡은 팀이 정해진 샐러리 캡을 절대 초과할 수 없는 제도이다. 그러나 NBA는 하드 캡을 사용하지 않고, 상대적으로 유연한 소프트 캡(Soft Cap)을 적용하고 있다.

소프트 캡은 팀이 특정 조건을 충족하면 샐러리 캡을 초과할 수 있는 제도이다. NBA에서는 다양한 예외 조항이 있어, 팀들이 캡을 초과할 수 있다. 대표적인 예로 'Larry Bird Exception'이 있으며, 이를 통해 팀은 소속 선수와 기존 계약 이상으로 재계약할 수 있다.

■ Larry Bird Exception

NBA에서 사용되는 소프트 샐러리 캡(Soft Salary Cap) 시스템의 중요한 규칙 중 하나로, 공식적으로는 'Bird Rights'라고 불린다. 이 규정은 NBA 팀이 특정 조건을 충족하는 자격을 갖춘 선수와 재계약을 할 때, 샐러리 캡을 초과하여 계약할 수 있도록 허용하는 예외 조항이다.

이 규정은 보스턴 셀틱스의 전설적인 선수인 래리 버드(Larry Bird)에게서 이름을 따왔는데 1980년대 초, 보스턴 셀틱스는 팀의 샐러리 캡이 이미 꽉 찬 상태에서 래리 버드와 재계약을 맺고자 했다. 이를 가능하게 하기 위해 NBA는 샐러리 캡을 초과하더라도 팀이 자격을 갖춘 선수를 재계약할 수 있는 규정을 도입했고 이 규정은 'Larry Bird Exception'으로 불리게 되었다.

이 예외를 사용하려면, 선수가 현재 팀에서 최소 3년 연속으로 활동해야 하며, 그 기간 동안 자유계약선수(Free Agent)로 풀리지 않고, 다른 팀으로 이적하지 않아야 한다. 이 기간 동안의 계약은 '비어드(Beard) 선수'로 간주되며, 계약이 종료된 후에도 팀은 이 예외 규정을 통해 그 선수와 재계약할 수 있다.

Larry Bird Exception은 좋은 선수를 팀이 우대하여 더 데리고 있고 싶어 하는 방법으로 팀이 샐러리 캡을 초과하더라도 해당 선수와 재계약할 수 있도록 허용해 주는 배려 제도이다. 이는 팀이 자격을 갖춘 선수와 재계약을 할 때, 샐러리 캡으로 인해 제약을 받지 않도록 하기 위한 장치이다. 이 규정을 통해 팀은 자격을 갖춘 선수에게 시장에서 받을 수 있는 최대 계약(맥시멈 계약)을 제안할 수 있으며, 이는 다른 팀들이 제안할 수 있는 조건과 동일하거나 그 이상이 될 수 있고 해당 선수는 명예롭게 생각한다.

이 예외 규정은 팀이 자격을 갖춘 스타 선수와 장기적으로 재계약할 수 있도록 해, 팀의 핵심 선수들을 유지하는 데 도움이 된다. 또한 팀의 전력 유지와 선수의 로열티를 강화하는 효과가 있다. 반면, 이 규정은 자금이 풍부한 팀이 스타 선수를 계속해서 보유하는 데 유리할 수 있지만, 다른 한편으로는 모든 팀이 자신들의 중요한 선수를 샐러리 캡의 제약 없이 유지할 수 있는 기회를 제공함으로써 리그 내 경쟁의 균형을 유지하는 데 기여하기도 한다. Larry Bird Exception은 NBA의 샐러리 캡 구조에서 중요한 예외 규정 중 하나로, 팀과 선수 모두에게 유리한 조건을 제공하여 리그 운영의 유연성을 높이는 역할을 한다.

팀이 소프트 캡을 초과하면, 초과한 금액에 대해 추가적인 세금을 부과받는다. 이는 부유한 팀들이 지나치게 많은 돈을 쓰는 것을 방지하고, 리그 내 경쟁의 균형을 유지하는 데 도움을 준다.

2) 자유계약선수(Free Agency) 제도

자유계약선수 제도는 일정 기간 동안 팀에서 활동한 선수가 계약이 만료된 후, 다른 팀과 자유롭게 계약을 맺을 수 있는 권리를 의미한다.

① 제한된 자유계약자(Restricted Free Agent, RFA)
이 선수들은 원소속 팀이 다른 팀의 오퍼를 매칭할 수 있는 권리가 주

어지는데 만약 원소속 팀이 해당 오퍼를 매칭한다면, 선수는 원소속 팀에 남게 된다.

② 제한 없는 자유계약자(Unrestricted Free Agent, UFA)
계약이 만료된 후, 원소속 팀의 제약 없이 어떤 팀과도 계약할 수 있는 권리를 가진 선수들이다. 이는 선수가 자신에게 가장 유리한 조건을 제시하는 팀을 선택할 수 있게 해 준다.

③ 최대 계약(Maximum Contract)
자유계약을 통해 선수들이 새롭게 체결할 수 있는 계약의 상한선을 정하는 규정이다. 이 규정은 선수의 경력 기간과 이전 계약의 규모에 따라 달라진다.

(2) CBA 협상 사건

NBA v. Williams(1995)은 NBA와 선수 노조 간의 분쟁에서 발생했다. 이 사건은 NBA와 선수 노조(NBPA) 간의 집단 교섭협정(Collective Bargaining Agreement, CBA)에서 합의된 샐러리 캡 제도를 둘러싼 법적 분쟁의 일부였다.

NBA는 1984년 최초로 샐러리 캡을 도입했으며, 이는 리그 내 팀 간의 경쟁 균형을 유지하고, 팀들이 선수 연봉에 대해 무제한으로 지출하지 않도록 하기 위한 목적이었다. 그러나 샐러리 캡은 선수들의 수입에 직접적인 영향을 미치기 때문에, 선수 노조와의 협상에서 중요한 논쟁거리였다.

윌리엄스와 다른 선수들은 NBA의 샐러리 캡이 반독점법을 위반한다고 주장했다. 그들은 샐러리 캡이 선수들이 시장에서 받을 수 있는 수입을 부당하게 제한한다고 주장했으며, 이는 반독점법에 의해 금지된 행위라고 보았다.

NBA는 샐러리 캡이 CBA의 일부로서 노사 간의 합의에 의해 결정된 사항이며, 따라서 노동법의 보호를 받는다고 주장했다. NBA는 샐러리 캡이 리그 전체의 안정성과 공정성을 유지하는 데 필수적이라고 변론했다.

법원은 NBA의 손을 들어 주며, 샐러리 캡이 CBA 협상의 일부로 합의된 사항인 만큼, 반독점법의 적용을 받지 않는다고 판결했다. 이는 리그가 선수 노조와 합의한 샐러리 캡 제도를 합법적으로 시행할 수 있도록 했다.

이후 이 판결은 NBA가 샐러리 캡을 통해 리그 운영을 조율하고, 팀 간의 경쟁 균형을 유지할 수 있도록 했다. 또한, 샐러리 캡이 반독점법에 저촉되지 않는다는 점이 확인됨으로써, 리그 내에서 지속적으로 유지될 수 있는 법적 근거가 강화되었다.

이 사건은 CBA가 리그 운영에 있어 얼마나 중요한 법적 도구인지를 보여 주었으며, 선수 노조와 리그 간의 협상이 리그 규정의 법적 정당성을 부여하는 데 필수적임을 재확인했다.

결론적으로, NBA v. William(1995) 사건은 샐러리 캡과 관련된 법적 논쟁에서 매우 중요한 역할을 했으며, NBA의 샐러리 캡 제도가 반독점법에 저촉되지 않도록 하는 법적 근거를 마련했다.

리그 운영 방식(규정)이 노동법의 적용을 받는지: 긍정

NBA v. Williams(1995) 사건은 미국 프로 농구 협회(NBA)와 선수 노조(Players Association) 간의 노동법 및 반독점법과 관련된 중요한 법적 분쟁 중 하나로, 이 사건은 당시 협상 중이던 집단 교섭 협정(Collective Bargaining Agreement, CBA)을 둘러싼 논쟁에서 발생했다.

로버트 윌리엄스는 NBA 선수였으며, 이 사건에서 선수 노조의 일원으로서 참여했다.

1994년과 1995년 사이에 NBA와 선수 노조 간에 집단 교섭 협정(CBA)과 관련된 협상이 이루어지지 않아, 이로 인해 리그가 일정 기간 동안 중단되는 '락아웃' 상태가 발생했다. 핵심 논쟁 중 하나는 샐러리 캡, 자유계약 규정, 그리고 선수 수익의 분배 방식에 대한 것이었다.

윌리엄스와 선수 노조 측은 NBA의 리그 운영 방식이 반독점법에 위배된다고 주장했다. 그들은 NBA가 선수의 이동과 계약을 제한하는 규정을 통해 시장에서 부당한 지배력을 행사하고 있다고 주장했다.

NBA 측은 이러한 규정들이 CBA의 일부로서 법적 면제를 받는다고 주장했다. 그들은 CBA 협상 과정에서 합의된 규정들이기 때문에, 반독점법의 적용 대상이 되지 않는다고 변론했다.

법원은 NBA의 손을 들어 주며, 리그의 규정이 CBA 협상의 일부로 합의된 것이라면, 이는 반독점법의 적용을 받지 않는다고 판결했다. 이 판결은 리그가 선수 노조와의 협상에서 도출된 규정을 합법적으로 집행할 수 있도록 했으며, 리그 운영 방식이 노동법 내에서 허용된다는 점을 재확인했다.

이 사건은 CBA가 노동 관계에서 얼마나 중요한 법적 문서인지, 그리고 CBA를 통해 합의된 사항들이 어떻게 법적 보호를 받을 수 있는지를 보여 준다. 또한, 선수 노조와 리그 간의 협상이 리그 운영의 중요한 법적 틀을 형성한다는 점이 강조되었다.

법원의 판결은 NBA가 선수들과 협상한 결과를 존중하고, 이를 통해 리그의 안정적인 운영을 유지할 수 있도록 했다.

3. 빌 러셀 인종차별 사건

빌 러셀(Bill Russell), 보스턴 셀틱스에서 활약한 NBA의 전설적인 선수로, 11번의 챔피언십 타이틀을 차지한 위대한 센터였다. 그러나 그는 농구장에서의 성공에도 불구하고, 인종차별로 인해 많은 어려움을 겪었다.

러셀은 1950년대와 1960년대에 보스턴 셀틱스에서 뛰는 동안, 미국에서 인종차별이 극심하던 시기에 많은 인종차별적인 경험을 했다. 당시 미국은 인종 분리 정책인 짐 크로우 법(Jim Crow Laws)이 여전히 존재하던 시기로, 많은 흑인들은 법적, 사회적 차별에 직면해 있었다.

특히 러셀은 보스턴 셀틱스에서 뛰는 동안 집이 여러 차례 파손되고 침입을 당했는데 낙서로 훼손되거나 그가 소유한 물건들이 훼손되기도 했다. 심지어 그의 침실에 인분이 남겨진 적도 있었다. 이는 러셀에게 큰 정신적 충격을 주었으며, 당시 보스턴의 인종적 긴장감을 상징적으로 보여 준다. 또한 러셀과 그의 팀 동료들이 남부 지역에서 원정 경기를 하러 갔을 때, 많은 호텔과 식당에서 흑인 선수들이 입장을 거부당하거나 따로 분리된 공간에서만 음식을 먹을 수 있도록 강요당했다. 이런 차별적인 대우는 러셀에게 큰 모욕감을 안겨 주었다. 러셀이 팀과 함께 켄터키주의 렉싱턴에서 경기를 할 때, 현지 팬들로부터 심한 인종차별적 폭언을 듣기도 했다. 이와 같은 사건들은 그가 평생 동안 인종차별에 맞서 싸우게 되는 계기가 되었다.

그럼에도 불구하고 러셀은 자신의 신념을 굽히지 않고 인종차별에 맞서 싸웠다. 그는 경기 외적인 활동에서도 흑인 인권 운동에 적극적으로 참여했으며, 마틴 루터 킹 주니어(Martin Luther King Jr.)와 같은 인권 지도자들과 연대했다.

러셀의 경험은 NBA뿐만 아니라 미국 사회 전반의 인종차별 문제를 상기시키는 중요한 사례로 남아 있다. 그는 농구 역사상 가장 성공적인 선수 중 한 명일 뿐만 아니라, 인종차별에 맞서 싸운 중요한 인물로도 기억되고 있다.

4. 자유선수계약 제도를 가져온 오스카 로버트슨 소송

오스카 로버트슨 사건(Oscar Robertson lawsuit)은 1970년대 초반에 NBA와 ABA(American Basketball Association) 선수들이 제기한 중요한 법적 소송으로, 이 소송은 NBA에서 선수들이 자유롭게 팀을 선택할 수 있는 권리를 얻고 자유선수계약 제도(Free Agency)를 도입하게 된 결정적인 계기가 되었다.

1960년대와 1970년대 초반까지, NBA 선수들은 소속팀이 그들을 다른 팀으로 트레이드하거나 계약을 갱신하지 않으면, 자유롭게 팀을 떠날 수 없었다. 당시 '리저브 클로즈(Reserve Clause)'라고 불리는 규정은 선수들을 사실상 팀의 소유물로 만들었으며, 선수들이 자유롭게 다른 팀과 계약할 수 있는 권리를 제한했다. 이 규정에 따라, 선수들은 계약이 끝난 후에도 소속팀이 원하면 그 팀에 남아야 했고, 다른 팀으로 자유롭게 이적할 수 있는 권리가 거의 없었다. 이는 선수들이 시장에서 자신의 가치를 평가받을 수 있는 기회를 막는 것이었다. 즉, NBA와 ABA는 서로 경쟁하던 두 개의 프로 농구 리그였다. NBA는 이미 자리 잡은 리그였고, ABA는 새롭게 떠오르는 리그였지만, 두 리그 간의 경쟁은 치열했다. 1970년대 초반, 두 리그가 합병을 논의하던 중, 선수들은 자신들의 권리가 합병 과정에서 무시될 것을 우려했다.

오스카 로버트슨은 당시 NBA 선수 협회의 회장이었으며, 리그에서 최고의 선수 중 한 명이었다. 그는 선수들의 권리를 보호하기 위해 이끌었던 중요한 인물이었고, 그를 포함한 여러 선수들이 1970년에 NBA를 상대로 반독점법 위반 소송을 제기했다.

선수들은 NBA의 리저브 클로즈가 미국의 반독점법을 위반하고 있다고 주장했다. 이 법은 경쟁을 제한하거나 독점을 형성하려는 시도를 금지하는 법이다. 선수들은 리그가 리저브 클로즈를 통해 선수 시장을 사실상 독점하고 있다고 보았다.

소송은 또한 NBA와 ABA의 합병을 저지하려는 목적으로 제기되었는데 선수들은 합병이 자신들의 계약 조건과 권리에 불리한 영향을 미칠 것을 우려했다.

1976년, 양측은 합의에 도달하게 되었고, 그 결과로 NBA는 리저브 클로즈를 폐지하고 자유선수계약 제도를 도입하기로 결정했다. 이 합의는 '오스카 로버트슨 합의'라고 불리며, 이는 현대 NBA에서 자유선수계약

제도의 기초가 되었다. 이 판결 및 합의는 NBA 역사에서 매우 중요한 전환점으로, 선수들에게 더 많은 권리를 부여하고 리그의 시장 구조를 변화시키는 데 결정적인 역할을 했다. 이로 인해 선수들은 계약이 종료된 후 자유롭게 다른 팀과 계약할 수 있는 권리를 가지게 되었고, 이는 현재 NBA의 선수 이동과 팀 구성에 큰 영향을 미치고 있다.

이 소송의 결과는 선수들의 협상력을 크게 강화했다. 이제 선수들은 자신들의 가치를 평가받고, 더 좋은 계약 조건을 얻을 수 있게 되었으며, 이는 NBA의 경제 구조와 팀 구성 방식에 큰 변화를 가져왔다.

자유선수계약 제도의 도입은 NBA의 팀 구성과 경쟁 구도에 중요한 영향을 미쳤으며, 이후 리그는 더욱 다이내믹하고 경쟁적인 환경으로 발전했다.

오스카 로버트슨 사건은 단순한 법적 소송을 넘어서, 프로 스포츠 리그에서 선수들의 권리와 시장의 공정성을 보장하는 중요한 전환점을 마련한 사건으로 평가받고 있다.

NBA의 자유선수계약(Free Agency) 제도

1. 제한적 자유선수(Restricted Free Agent, RFA)
제한적 자유선수는 계약이 종료된 후 다른 팀과 계약할 수 있는 권리가 있지만, 원소속 팀은 그 계약 조건을 동일하게 맞출 수 있는 권리가 있다. 즉, 원소속 팀은 선수의 계약 제안을 매치(Match)하여 해당 선수를 유지할 수 있다. 이 제도는 주로 신인 선수 계약이 만료된 후에 적용되며, 원소속 팀이 해당 선수를 유지할 수 있는 우선권을 가진다.

2. 비제한적 자유선수(Unrestricted Free Agent, UFA)

비제한적 자유선수는 계약이 종료된 후 완전히 자유로운 상태에서 어떤 팀과도 계약할 수 있는 권리가 있다. 이 경우 원소속 팀은 선수의 계약에 대해 아무런 권리를 행사할 수 없다. 주로 베테랑 선수나 여러 시즌을 소화한 선수가 계약 만료 후 이 상태가 된다.

3. 미니멈 계약 자유선수(Minimum Salary Free Agent)

일부 선수들은 최저 연봉 계약을 맺고 팀에 합류하게 되는데, 이런 경우 계약 종료 시 다른 팀과 최저 연봉 이상의 계약을 협상할 수 있는 권리가 제한적일 수 있다. 이와 같은 경우에도 비제한적 자유선수가 될 수 있다.

■ 자유선수계약 제도의 역사와 발전

NBA에서 자유선수계약 제도는 1988년에 도입된 'Larry Bird Exception'으로 유명한 규칙을 기반으로 큰 변화를 겪었다. 이 규칙은 팀이 샐러리 캡을 초과하여도 자사 선수와 재계약할 수 있도록 허용하는 내용이었으며, 이를 통해 팀들은 스타플레이어를 유지할 수 있게 되었다.

자유선수계약 제도는 시간이 지나면서 선수들의 이동성을 높였고, 이는 NBA 리그의 경쟁 구도를 변화시키는 데 중요한 역할을 했다. 자유선수계약 시장에서의 대형 계약과 스타플레이어들의 이적은 리그의 팬들에게도 큰 흥미를 불러일으키며, NBA의 시즌 중 중요한 이벤트로 자리 잡았다. 자유선수계약 제도는 여전히 변화하고 있다. NBA는 샐러리 캡과 계약 규정에 대한 변화를 주기적으로 검토하며, 리그의 공정성과 경쟁력을 유지하기 위해 규칙을 수정하고 있다. 선수들은 자유선수계약 제도를 통해 더 많은 계약 옵션과 협상력을 가지게 되었으며, 팀들은 이를 통해 팀 구성과 전략을 다양하게 조정할 수 있게 되었다.

5. 유명한 NFL 팀인 Dallas Cowboys의 치어리더 조직의 상표권 침해 사건

Dallas Cowboys Cheerleaders, Inc. v. Pussycat Cinema, Ltd. (1979)는 직접적으로 농구와 관련이 없지만, NBA 팀들이나 관련 단체가 상표와 지적재산권을 보호하는 교육교재에 자주 등장하는 사건이다.

유명한 NFL 팀인 Dallas Cowboys의 치어리더 조직이 영화 제작사인 Pussycat Cinema를 상대로 제기한 소송으로 Dallas Cowboys Cheerleaders는 NFL의 Dallas Cowboys 팀의 공식 치어리더 단체로, 이들의 유니폼은 매우 잘 알려져 있으며, 팀의 상징적인 이미지로 자리잡고 있었다. 이 유니폼은 텍사스 스타일의 흰색 부츠, 파란색 반바지, 흰색 블라우스, 그리고 파란색 조끼로 구성되어 있었다.

Pussycat Cinema, Ltd.는 1970년대에 성인 영화를 제작 및 배급하던 회사였으며, 이 회사가 제작한 영화 중 하나인 〈Debbie Does Dallas〉에서 문제가 발생했다. 이 영화는 포르노 영화로, 주인공이 Dallas Cowboys Cheerleaders의 유니폼과 거의 동일한 복장을 착용한 채 등장하는 장면이 있었다. 영화는 그 복장을 명확히 드러내면서 팀의 치어리

더 이미지를 연상시키는 내용으로 구성되었다.

Dallas Cowboys Cheerleaders, Inc.는 이 영화가 자사의 상표권을 침해하고 있다고 주장하며, 상표권 보호와 관련하여 소송을 제기했다. Dallas Cowboys Cheerleaders, Inc.는 영화에서 사용된 유니폼이 그들의 상표권을 침해했다고 주장했는데 그들은 영화에서 사용된 유니폼이 Dallas Cowboys의 치어리더들과 혼동을 일으킬 수 있다고 주장했다. 법원은 일반 대중이 이 영화를 보고 실제 Dallas Cowboys Cheerleaders가 영화에 관여했다고 생각할 가능성이 있는지, 즉 상표가 혼동을 일으킬 가능성이 있는지를 판단해야 했다.

법원은 Dallas Cowboys Cheerleaders, Inc. 승소 판결을 내리면서 영화에서 사용된 유니폼이 Dallas Cowboys Cheerleaders의 상표권을 침해했다고 판단했다. 영화의 복장은 실제 치어리더들의 유니폼과 매우 유사했으며, 이는 상표권이 보호하는 이미지와 연관이 있다고 보았다. 법원은 또한 영화가 실제 Dallas Cowboys Cheerleaders와의 연관성을 암시함으로써 대중에게 혼동을 일으킬 가능성이 있다고 보았다. 특히, 성인 영화라는 특성상, Dallas Cowboys Cheerleaders의 이미지와 평판에 부정적인 영향을 미칠 수 있다고 판단했다.

이 판결은 상표권 보호에 대한 중요한 판례로 자리 잡았으며, 특히 상표권이 상품의 이미지와 평판을 보호하는 데 얼마나 중요한 역할을 하는지를 강조했다. 상표권은 단순히 로고나 이름만이 아니라, 특정 복장이나 외형적 특징까지 보호할 수 있음을 명확히 한 사건이다. 이 사건은 상표권을 보유한 회사들이 그들의 브랜드 이미지가 부적절하게 사용되는 것을 막기 위해 어떻게 법적 조치를 취할 수 있는지에 대한 중요한 사례로 남아 있다.

스포츠 브랜드 이미지가 부적절하게 사용된 판례
Nike, Inc. v. Just Did It Enterprises

Nike는 전 세계적으로 유명한 스포츠 브랜드로, 'Swoosh' 로고와 'Just Do It' 슬로건이 널리 알려져 있다. 이 사건은 1990년대에 발생했는데, 미국의 한 기업인 Just Did It Enterprises가 Nike의 'Just Do It' 슬로건과 유사한 문구를 사용하여 상업적으로 제품을 판매한 것과 관련이 있다. Just Did It Enterprises는 다양한 의류와 상품에 'Just Did It'이라는 슬로건을 사용하였고, Nike는 이 회사가 자신들의 유명한 상표와 혼동을 일으키게 한다고 주장하며 소송을 제기했다. 법원은 Nike의 주장에 동의했고, Just Did It Enterprises가 사용한 'Just Did It' 문구가 Nike의 상표권을 침해했다고 판결했다. 법원은 두 슬로건이 상당히 유사하며, 소비자들이 이를 혼동할 가능성이 있다고 보았다. 또한, Nike의 상표가 희석될 수 있는 위험성도 인정했다.

상표에 있어 법적 쟁점 혼동과 희석화이다. Nike는 'Just Did It'이라는 문구가 자사의 상표권을 침해했다고 주장했다. 이 문구는 Nike의 'Just Do It' 슬로건과 매우 유사하며, 소비자들 사이에서 혼동을 일으킬 가능성이 높다고 봤다.

Nike는 또한 Just Did It Enterprises의 행동이 자사의 브랜드 이미지를 희석하고 있다고 주장했다. 즉, Nike의 슬로건이 가지고 있는 강력한 브랜드 이미지가 'Just Did It'이라는 유사한 문구의 사용으로 인해 약화될 수 있다는 것이다.

> Nike의 승소는 유명 브랜드가 자사의 상표를 보호하기 위해 법적 조치를 취할 수 있는 근거를 강화하였으며, 특히 유사한 문구나 이미지의 사용이 브랜드 이미지에 미칠 수 있는 영향을 고려하여 법원이 어떻게 판결을 내리는지를 보여 준다.

6. 농구 방송과 관련된 분쟁

미국에서 농구 방송과 관련된 분쟁들은 주로 방송권 계약, 독점 문제, 지적재산권, 그리고 리그와 팀 간의 수익 분배에 관한 것들이 포함된다. 이런 분쟁들은 NBA와 방송사, 팀, 선수들 간의 복잡한 상호작용에서 발생한다.

(1) NBA와 Turner Broadcasting 및 ESPN 간의 계약 분쟁

NBA는 오랜 기간 Turner Broadcasting(일부 경기는 TNT를 통해 방송)과 ESPN과의 협력을 통해 리그 경기를 방송하였다. 그러나 때때로 계약 갱신 과정에서 방송권 수수료, 독점권, 방송 일정 등과 관련된 분쟁이 발생하였다. 2014년에 NBA는 Turner Broadcasting과 ESPN과 9년간 240억 달러 규모의 계약을 체결하였는데 이 계약 과정에서 양측은 방송권 비용 상승, 디지털 콘텐츠와 스트리밍 서비스에 대한 권리 등 다양한 사항에 대해 논의했고, 이는 방송권 수수료가 급격히 상승하게 된 계기가 되었다. 이러한 협상은 방송사와 리그 간의 분쟁으로 이어질 가능성이 있었으나, 최종적으로 계약이 성사되었다.

(2) MSG Networks와 NBA 간의 방송권 분쟁

MSG Networks는 뉴욕 닉스와 같은 팀들의 경기를 방송하는 지역 스포츠 네트워크이다. 지역 방송사와 NBA 간의 방송권 계약은 때때로 갈등을 일으키며, 특히 리그 패스(NBA League Pass)와 같은 스트리밍 서비스가 등장하면서 갈등이 심화되었다.

지역 방송사인 MSG Networks와 NBA 간의 분쟁은 리그가 전국적인 디지털 스트리밍 서비스(NBA League Pass)를 통해 더 많은 경기를 제공하려고 하면서 발생하였다. 이는 지역 방송사들이 독점적으로 방송하던 경기에 대한 접근성을 높이며, 그 결과 MSG Networks와 같은 방송사들이 수익 손실을 우려하여 분쟁이 발생하게 되는 것이다. 이와 같은 분쟁은 주로 계약 재협상이나 법적 중재를 통해 해결된다.

(3) NBA와 Dish Network 간의 방송 계약 분쟁

Dish Network와 같은 케이블 및 위성 방송사와 NBA 간의 방송권 계약은 때때로 어려운 협상 과정을 거치며, 때로는 분쟁으로 이어지기도 한다.

2019년, Dish Network와 NBA TV 간의 계약이 만료된 후, 양측은 새로운 계약에 이르지 못해 NBA TV가 Dish Network에서 제외되는 상황이 발생하였다. 이는 팬들이 NBA 경기를 시청할 수 있는 채널을 잃게 만든 분쟁이었다. 이러한 분쟁은 종종 소비자들의 불만을 불러일으키며, 결국 양측이 합의에 이르거나 법적 조치를 통해 해결된다.

(4) NBA와 Comcast 간의 지역 방송 분쟁

Comcast와 같은 대형 케이블 회사와 NBA 팀 간의 방송권 계약도 종종 갈등의 원인이 된다.

특히, 팀의 지역 방송권과 관련된 독점 계약 문제에서 갈등이 발생할 수 있다. 2016년에 포틀랜드 트레일블레이저스의 경기를 방송하는 NBC Sports Northwest와 Comcast 간의 계약 분쟁이 발생하였다. Comcast는 해당 지역에서 트레일블레이저스 경기를 중계하는 NBC Sports Northwest를 특정 패키지에 포함하여 제공했는데, 이에 대해 팬들과 지역 사회가 NBA 방송의 접근성이 낮다고 불만을 제기했다. 이로 인해 법적 분쟁이 발생했고, 결국 두 회사는 계약을 재협상하여 더 많은 팬들에게 경기를 제공하는 방향으로 합의했다.

(5) NBA와 스트리밍 서비스 간의 갈등

전통적인 방송사와 스트리밍 서비스 간의 경계가 모호해지면서, NBA와 디지털 플랫폼 간의 협상도 복잡해지고 있다. 이로 인해 방송권에 대한 분쟁이 발생할 수 있다. NBA는 점점 더 많은 경기를 디지털 플랫폼을 통해 스트리밍하고 있으며, 이는 전통적인 케이블 및 위성 방송사와의 갈등을 일으킬 수 있다. 예를 들어, NBA가 디지털 스트리밍 서비스인 YouTube TV, Hulu, 그리고 Amazon과의 협상을 진행하면서, 기존의 케이블 방송사들은 시청자 감소와 수익 감소를 우려하게 되었다. 이러한 변화는 방송사와 리그 간의 분쟁을 야기할 수 있으며, 이는 디지털 시대의 방송권 협상에 새로운 도전을 제기하고 있다. 이러한 분쟁들은 미디어 환경이 변화하고, 디지털화가 진행됨에 따라 더욱 빈번해지고 있으며, 방송사, 리그, 그리고 팬들에게 중요한 영향을 미친다. 방송권 분쟁은 종종 법정에 오르기도 하지만, 많은 경우에는 중재나 재협상을 통해 해결된다.

미국 농구 리그

1. 프로페셔널 리그

(1) National Basketball Association(NBA)
NBA는 미국과 전 세계에서 가장 높은 수준의 프로 농구 리그이다. 1946년에 설립된 이 리그는 현재 30개 팀으로 구성되어 있으며, 동부와 서부 컨퍼런스로 나뉘어 정규 시즌과 플레이오프를 통해 챔피언을 가린다.

(2) NBA G League
NBA G 리그는 NBA의 하위 리그로, 선수들이 NBA로 올라가기 전에 실력을 쌓는 리그이다. 각 NBA 팀은 G 리그 팀을 가지고 있으며, 이 리그는 주로 젊은 선수들과 발전을 필요로 하는 선수들이 참가한다.

2. 여자 프로페셔널 리그 Women's National Basketball Association (WNBA)
WNBA는 미국의 최고 수준의 여자 프로 농구 리그이다. 1996년에 설립된 이 리그는 현재 12개 팀으로 구성되어 있으며, 여름 시즌에 경기를 진행하며 WNBA는 세계에서 가장 경쟁력 있는 여자 농구 리그 중 하나로, 많은 세계적인 선수들이 이 리그에서 활약한다.

3. 세미프로 및 독립 리그

(1) NBA 2K League
NBA 2K 리그는 NBA가 주최하는 e스포츠 리그로, NBA 2K 비디오 게임을 기반으로 한다. 이 리그는 실제 NBA 팀과 제휴된 팀들이 참가하며, e스포츠와 농구의 결합을 통해 인기를 끌고 있다.

(2) The Basketball League(TBL)
TBL은 세미프로 농구 리그로, 미국 전역의 팀들이 참가한다. 이 리그는 농구 선수들이 프로 경력의 시작을 위해 참가하는 곳으로, 독립적으로 운영한다.

(3) American Basketball Association(ABA)
현재의 ABA는 독립 리그로, 1960년대에 있었던 원래의 ABA와는 다른 리그이다. 이 리그는 미국 전역의 여러 팀이 참가하는 세미프로 리그로, 농구 애호가들이 참여할 수 있는 무대를 제공한다.

4. 대학 리그

(1) NCAA Division I Men's Basketball
NCAA 디비전 I 남자 농구는 미국 대학 농구에서 가장 높은 수준의 리그이다. 68개 팀이 NCAA 토너먼트에 참가하며, 최종적으로 전국 챔피언을 가린다. 이 리그는 많은 NBA 스타들이 배출된 곳으로,

미국 농구에서 매우 중요한 위치를 차지하고 있다.

(2) NCAA Division I Women's Basketball
NCAA 디비전 I 여자 농구도 매우 경쟁력이 높은 리그로, NCAA 토너먼트를 통해 전국 챔피언을 결정한다. 이 리그에서 활약하는 선수들은 종종 WNBA에 진출한다.

(3) National Association of Intercollegiate Athletics(NAIA)
NAIA는 NCAA와는 별도로 운영되는 대학 스포츠 리그로, 주로 중소규모 대학들이 참가한다. 농구는 NAIA에서 가장 인기 있는 스포츠 중 하나이며, NAIA 토너먼트를 통해 전국 챔피언을 가린다.

5. 아마추어 및 청소년 리그

(1) Amateur Athletic Union(AAU)
AAU는 미국 전역에서 청소년 농구 대회를 주최하는 조직으로, 청소년들이 농구 기술을 연마하고 경쟁할 수 있는 기회를 제공한다. AAU 대회는 대학 및 프로 스카우트들이 주목하는 중요한 무대이다.

(2) High School Basketball
미국 고등학교 농구는 매우 경쟁적인 환경이며, 많은 미래의 NBA 선수들이 고등학교 시절에 두각을 나타낸다. 주별 고등학교 대회는 지역 사회에서 큰 관심을 끌며, 전국 대회도 열린다.

7. 오배넌 사건

O'Bannon v. NCAA(2014)는 미국 법원에서 다뤄진 중요한 판례로, NCAA(National Collegiate Athletic Association)의 규정이 대학 운동선수들의 이미지와 이름 사용에 대한 권리를 침해 여부를 다룬 사건이다.

에드 오배넌(Ed O'Bannon)은 UCLA 농구팀의 전 선수로, 그의 이름과 이미지가 비디오 게임에 무단으로 사용된 것을 문제 삼아 NCAA를 상대로 소송을 제기했다. 그는 NCAA가 선수들의 이미지와 이름을 사용하면서도 이에 대해 정당한 보상을 제공하지 않는다고 주장했다.

법적 쟁점은 NCAA의 아마추어리즘 정책이 선수들의 이미지와 이름 사용에 대한 보상을 금지하는 것이 반독점법을 위반하는지였는데 법원은 오배넌의 주장을 인정하고, NCAA의 정책이 반독점법을 위반한다고 판결했다. 이 판결은 NCAA가 대학 선수들에게 그들의 이미지와 이름 사용에 대한 보상을 제공해야 한다는 결정을 이끌어 냈다. 이 사건은 대학 스포츠에서 선수들이 자신의 이름, 이미지, 그리고 인상을 수익화할 수 있는 길을 열어 주는 중요한 판례가 되었다. 이는 NCAA 규정에 큰 변화를 초래했고, 대학 스포츠에서의 선수 권리에 대한 논의에 중요한 영향을 미쳤다.

제2절 농구와 법

1. 셔먼 반독점법(Sherman Antitrust Act)

셔먼 반독점법은 1890년에 제정된 법률로, 미국 내 상업 활동에서 독점 및 반경쟁적인 행위를 금지하는 법이다. NBA와 같은 리그는 반독점법의 적용을 받으며, 이는 리그 운영과 선수 계약, 그리고 팀 간 경쟁에 영향을 미친다. 예를 들어, Haywood v. National Basketball Association(1971) 사건에서 NBA의 신인 선수 계약 규정이 반독점법을 위반한다고 판결되었다. 이로 인해 NBA는 선수 계약 및 이적에 있어 공정한 경쟁을 보장하기 위한 규정을 도입해야 했다.

2. 노동 관리 관계법
(Labor Management Relations Act, LMRA)

이 법은 노동자와 경영진 간의 관계를 규율하며, 노동조합의 권리와 집단 교섭의 절차를 보호한다. NBA 선수들은 노조(NBPA, National Basketball Players Association)를 통해 집단 교섭을 진행한다. 이 법은 선수들의 임금, 근로 조건, 자유계약선수 자격, 그리고 리그의 샐러리 캡(Salary Cap) 제도 등 중요한 협상에 영향을 미친다. LMRA는 또한 파업과 같은 노동 쟁의 상황에서도 중요한 역할을 한다.

3. Curt Flood Act of 1998

이 법은 MLB의 반독점 면제를 부분적으로 제한하는 법률이지만, NBA 와 같은 다른 프로 스포츠 리그에서도 선수 계약과 관련된 반독점 문제 에도 적용될 수 있다. 이 법은 프로 스포츠 리그에서 선수 계약과 관련 된 사항에 대해 반독점법을 적용할 수 있는 근거를 제공한다. 예를 들어, NBA에서 자유계약선수제도가 발전하게 된 배경에는 반독점법 적용에 대한 논의가 있었으며, 이는 선수들이 계약에서 더 큰 자유를 누릴 수 있 도록 했다.

4. Fair Labor Standards Act(FLSA)

FLSA는 최저임금, 초과근무 수당, 아동 노동 규제 등을 포함한 미국의 노동법으로 NBA와 같은 프로 스포츠 리그에서는 FLSA가 선수들의 임 금과 근로 시간을 규제하는 데 적용한다. 그러나 NBA 선수들은 대부분 의 경우 FLSA의 최저임금 규정보다 높은 임금을 받고 있어, 이 법의 영 향은 제한적이다. 다만, 리그 내에서 선수들이 근로 조건에 대해 집단적 으로 교섭할 수 있는 권리를 보호하는 역할을 한다. NBA 선수들의 경우, 야구와 달리 최저임금 문제는 일반적으로 큰 이슈가 아니다. NBA는 선 수들이 연봉을 기준으로 계약을 맺는 프로 리그로, 모든 선수에게 리그의 최저 연봉 규정이 적용된다. 이 최저 연봉은 선수의 경력에 따라 다르며, 2023-2024 시즌 기준으로 신인 선수의 최저 연봉은 약 97만 달러로 이 금액은 일반적인 최저임금과는 비교할 수 없이 높은 수준이다.

대신 NBA 선수들에게 가장 큰 문제는 선수 건강 및 부상 관리라 할 수 있다. 점점 더 많은 선수들이 심각한 부상으로 시즌을 통째로 결장하는 경우가 늘어나고 있다. 이러한 부상 문제는 리그와 팀들이 선수 관리 방식을 재고하도록 압박하고 있다. 리그의 국제화 노력과 더불어 과도한 경기 일정으로 인한 피로 누적이 선수들에게 부담을 주고 있다.

5. Sports Broadcasting Act of 1961

이 법은 미국의 프로 스포츠 리그가 TV 방송권을 집합적으로 판매할 수 있도록 허용하는 법률이다. NBA는 이 법에 따라 방송권을 집단적으로 판매하고, 수익을 팀들 간에 분배할 수 있다. 이 법은 리그가 방송 수익을 통해 재정적 안정을 유지하고, 팀 간의 경쟁력을 높이는 데 기여한다. 현재 진행 중인 TV 중계권 협상은 리그의 수익에 가장 큰 영향을 미칠 것으로 예상되며, 이는 리그의 장기적인 재정 안정성에 가장 중요한 이슈이다.

6. NBA Collective Bargaining Agreement(CBA)

CBA는 NBA(리그)와 선수 협회(NBPA) 간의 협상 결과로 도출된 계약으로, 리그의 주요 규칙과 규정을 정의한다. CBA는 선수들의 임금, 계약 조건, 샐러리 캡, 자유계약선수 제도, 트레이드 규정, 리그 운영 방침 등을 규율한다. CBA는 리그의 모든 구성원이 따르는 규칙을 정의하며, 이를 통해 리그의 공정성을 유지하고 선수들의 권익을 보호한다.

(1) 샐러리 캡

팀당 지출할 수 있는 선수 연봉의 최대치를 제한하는 제도

(2) 최저 연봉

선수의 경력에 따라 달라지는 최저 연봉이 설정되는 제도

(3) 자유계약선수 제도

선수들의 계약 만료 후 자유계약선수로서 팀을 옮길 수 있는 제도

(4) 수익 공유

리그 수익을 팀과 선수들이 어떻게 나눌지에 대한 제도

(5) 럭셔리 택스

샐러리 캡을 초과한 팀들에게 부과되는 세금으로, 리그의 경쟁 균형을 유지하기 위한 제도

이 외에도 경기 일정, 부상 관리, 선수 복지 등 다양한 조항이 포함되어 있으며, CBA는 보통 6-10년마다 협상이 이루어지며, 리그 운영에 큰 영향을 미친다.

7. Title IX of the Education Amendments of 1972

타이틀 IX는 교육 프로그램이나 활동에서 성차별을 금지하는 연방 법률로서 타이틀 IX는 대학 농구와 같은 학원 스포츠에서 성평등을 보장하

는 중요한 역할을 한다. 이 법은 여자 농구 프로그램에 대해 남자 농구 프로그램과 동일한 자원을 제공하도록 요구하며, 성별에 따른 차별을 금지한다. 타이틀 IX는 실제 여성 스포츠의 발전에 크게 기여하였다. 주요 내용으로는 ① 성별 차별 금지: 연방 정부의 재정 지원을 받는 모든 교육 프로그램과 활동에서 성별에 따른 차별을 금지, ② 체육 및 학업 기회 평등: 여성과 남성에게 동등한 체육 및 교육 기회를 제공, ③ 성희롱 및 성폭력: 성희롱과 성폭력도 Title IX에 따라 금지되며, 교육 기관은 이러한 문제에 대해 적극적으로 대응하고 있다.

제3장

골프

제3장 골프

제1절 골프와 사건

1. 골프장 사업자의 책임
Rinaldo v. McGovern(1991) 사건

원고 Rinaldo는 골프장에서 McGovern이 친 골프공에 맞아 차량이 손상된 것에 대해 손해배상을 청구했다. 그러나 법원은 피고가 공을 쳤을 때 주의 의무를 다했으며, 골프공이 의도한 대로 가지 않은 것은 골프의 본질적인 위험 요소라고 판결했다. 따라서 피고는 법적 책임이 없다고 결론지었다. 이 사건은 뉴욕주 항소 법원에서 다루어졌으며, 골프장에서 발생한 사고와 관련된 법적 책임에 대해 중요한 판례로 남아 있다. 법원은 골프 경기 중 발생할 수 있는 예기치 못한 사고가 모두 법적 책임을 초래하는 것은 아니며, 골프의 본질적인 위험 요소로 간주될 수 있다고 판단했다.

Thompson v. McNeill(1990) 사건 역시 오하이오주 대법원에서 다뤄졌는데 피고인 McNeill이 골프공을 쳤을 때 공이 원고인 Thompson에게 맞아 부상을 입혔을 때 법원은 골프에서 공이 예기치 않게 날아가는 것은 스포츠의 본질적인 위험이라고 판단하였고, 따라서 피고에게 책임을 물을 수 없다고 판결했다. Nussbaum v. Lacopo(1973) 또한 골프 경기 중 다른 플레이어가 친 골프공에 맞아 부상을 입은 경우. 뉴욕주 항소 법원은 골프장에서 발생하는 공에 맞는 사고는 일반적으로 골프의 본질적인 위험 요소로 간주되며, 피고가 고의적이거나 심하게 부주의하지 않은 이상 법적 책임을 물을 수 없다고 판결했다.

한편 Wood v. Camp(1974)는 플로리다주에서 발생한 중요한 법적 사례로, 골프장에서 발생한 사고에 대해 법적 책임이 인정된 사건이다. 원고는 피고의 골프장에서 골프 카트를 운전하던 중 부상을 입었다. 이 사건에서 피고는 골프 카트의 상태와 운영에 대한 적절한 안전 조치를 취하지 않았다. 법원은 피고가 골프장의 안전 관리 의무를 소홀히 했다고 판단했다. 이에 따라, 피고는 원고의 부상에 대한 책임을 지게 되었으며, 원고에게 손해배상을 하도록 판결했다. 이 사건은 골프장과 같은 스포츠 시설 운영자들이 시설 내에서 발생할 수 있는 사고에 대해 얼마나 철저하게 안전 관리 의무를 다해야 하는지를 명확히 한 판례로서 골프 카트와 같은 장비에 대한 정기적인 점검과 안전 관리를 소홀히 하지 않도록 주의해야 한다는 점을 강조한 사례로 평가받는다.

미국 골프 카트 사고

미국에서 골프 카트와 관련된 사고는 점점 더 빈번하게 발생하고 있으며, 특히 골프장이 아닌 일반 도로에서의 사용이 증가하면서 문제가 되고 있다. 골프 카트는 원래 골프장에서 골퍼들이 이동하는 데 사용되도록 설계되었지만, 최근에는 교외 지역이나 리조트, 커뮤니티 내에서 교통수단으로도 사용되기도 한다.

■ 주요 사고 원인
① 안전장치 부족: 골프 카트는 자동차와 달리 안전벨트나 에어백 같은 기본적인 안전장치가 부족하고 충돌이나 전복 사고 시 탑승자가 큰 부상을 입을 가능성이 높다.
② 불법 도로 주행: 골프 카트는 일반적으로 도로 주행을 위한 안전 기준을 충족하지 않기 때문에 도로에서 주행할 때 사고 위험이 높다.
③ 운전자의 부주의: 골프 카트를 운전하는 사람들 중에는 운전 경험이 부족하거나 어린이인 경우가 많아 부주의한 운전으로 사고가 발생할 수 있다.
④ 과속 및 음주 운전: 일부 지역에서는 골프 카트로 과속을 하거나 음주 운전을 하는 사례도 보고되고 있어 사고의 주요 원인 중 하나로 꼽힌다.

■ 입법 분위기
상원의원 입법 분위기를 보면 연방의 시도는 없는 것으로 보이며 몇몇 기사에서 미국의 통계에 따르면, 매년 수천 건의 골프 카트 사고가 발생하며, 이 중 상당수는 부상으로 이어지고 사망도 있는 것으로 보인다. (대부분 안전벨트 미착용) 미국에서 골프 카트 관련 법제는 주(State)와 지역(City)별로 다르며 대부분의 주에서는 골프 카트가 일반 도로에서 주행하는 것을 제한하지만 일부 주(플로리다주)와 도시에서는 제한 속도 35마일 이하의 도로에서 주행을 허용하는 곳이 발견되기도 한다. 즉, 일부 주(플로리다주)에서는 골프 카트를 저속 차량(LSV, Low-Speed Vehicle)으로 분류하고, 특정 조건을 충족할 경우 (예: 조명, 방향 지시등, 안전벨트 장착 등) 도로 주행을 허용한다. 도로에서 사용되는 골프 카트는 일반적으로 안전벨트, 후미등, 전조등, 방향 지시등 등을 장착해야 하며, 이러한 장비가 없을 경우 도로 주행이 금지될 수 있다. 일부 주(플로리다주)나 도시는 골프 카트의 야간 주행을 금지하거나, 야간에 주행하려면 추가적인 조명 장비가 필요하도록 규정하고 일부 주택 단지나 리조트 커뮤니티는 자체적으로 골프 카트 사용 규정을 마련하고 있으며, 이 규정은 주 법규와 다를 수 있다. 법제는 점점 강화되는 추세에 있고, 특히 공공 도로에서의 안전 문제에 대한 관심이 높아지고 있다.

2. 골프 클럽과 회원권 분쟁 사건

(1) Golf Club of Houston 사건

이 사건은 Timothy Martin이 골프 클럽 측을 상대로 제기한 소송으로, 그는 회원권 계약에 따라 50%의 회원권 보증금을 환불받을 권리가 있었음에도 불구하고 클럽이 이를 이행하지 않았다고 주장했다. 이 사건은 텍사스 Harris County에서 진행 중이며, Martin은 최소 $250,000의 금전적 보상을 요구하고 있다.[1]

(2) Raritan Valley Country Club 사건

뉴저지에서 발생한 이 사례에서는 193명의 전 회원들이 골프 클럽을

---

1) https://setexasrecord.com/stories/594087578-golf-club-of-houston-faces-suit-over-member-s-deposit-refund

상대로 집단 소송을 제기하여 $1.7백만 달러의 합의금을 받았던 사건이다. 이 사건은 골프 클럽이 회원들에게 약속된 환불을 제공하지 않은 것에 대해 법원이 회원들의 손을 들어 준 예로 보인다.[2]

(3) ClubCorp 사건

ClubCorp은 미국 전역에서 200개 이상의 프라이빗 클럽을 운영하는 대규모 골프 클럽 운영 업체로, 코로나19 팬데믹 동안 클럽이 폐쇄되었음에도 불구하고 회원들에게 월 회비를 계속 청구한 것으로 인해 여러 건의 집단 소송에 직면했다. 회원들은 사용하지 못한 클럽 시설에 대한 환불을 요구하며 소송을 제기했다.[3]

▶ Westlaw, LexisNexis, Bloomberg Law와 같은 법률 데이터베이스에서 검색에서 골프 클럽과 관련된 판례, "golf club membership dispute", "refund litigation", "contract breach" 등의 검색어를 넣으면 최근 팬데믹으로 인하여 많은 골프 클럽이 환불 분쟁에 직면했음을 알 수 있다. 그러나 손해배상 규모에 대한 부분들은 잘 나오지 않는 것을 보면 소송 전 화해가 많았음을 알 수 있다. 이는 팬데믹을 불가항력으로 해석하는지에 대해 골프 클럽과 회원 간의 견해 차이가 컸다는 것을 보여주는 부분이며 팬데믹으로 인해 일시적으로 골프에 대한 관심이 줄어들었다는 것을 반증해 주는 부분이기도 하다.

---

2) https://www.law.com/njlawjournal/2023/08/28/1-7m-new-jersey-settlement-ex-members-get-refunds-as-interest-in-golf-wanes/?slreturn=20240705183720

3) https://www.kgglaw.com/class-action/golf-club-membership-fee-refund-class-action-lawsuits-are-growing/
https://www.kgglaw.com/class-action/resigned-golf-club-members-file-lawsuits-over-deposit-refunds/

미국 골프 클럽과 회원권 분쟁

1. 회원권 환불 및 재판매
① 환불 문제: 많은 골프 클럽에서는 회원권을 구입할 때 상당한 가입비를 요구하지만, 이 회원권의 환불 가능성이나 재판매 가능성에 대해 명확하지 않은 경우가 많다. 환불이 불가능하거나 조건이 매우 엄격하게 설정되어 있어 회원들이 불만을 가지는 경우가 발생한다.
② 재판매 제한: 일부 골프 클럽은 회원권의 재판매를 제한하거나, 클럽을 통해서만 재판매가 가능하도록 규정한다. 이러한 제한은 회원이 회원권을 매도하려고 할 때 어려움을 초래할 수 있으며, 특히 클럽이 시장에서의 재판매를 제어하려는 경우 분쟁이 발생할 수 있다.

2. 회원권의 가치 하락
① 경제적 불황 및 클럽 운영 문제: 경제적 불황이나 골프 클럽의 운영 악화로 인해 회원권의 가치가 하락할 수 있다. 회원들은 초기 투자금의 가치가 떨어지는 것에 대해 불만을 제기하며, 클럽이 약속한 혜택이나 시설 유지에 실패한 경우 법적 소송을 제기할 수 있다.
② 클럽의 운영 변경: 클럽이 운영 방침을 변경하거나, 인프라 개선에 실패할 경우 회원들은 자신들의 권리가 침해되었다고 주장할 수 있다.

3. 회원권 전환 및 업그레이드
① 회원권 전환 프로그램: 일부 골프 클럽은 회원권 업그레이드나 전환 프로그램을 운영하는데, 이 과정에서 새로운 회원권이 이전 회원권보다

유리하지 않거나, 업그레이드 조건이 불리하게 변경되는 경우 분쟁이 발생할 수 있다.
② 추가 비용: 회원권을 선환하거나 업그레이드하는 과정에서 추가 비용이 발생할 경우, 이를 둘러싼 분쟁이 발생할 수 있다.

4. 운영 및 관리 문제
① 투명성 부족: 골프 클럽 운영과 관련된 재정적 투명성 부족은 회원들 사이에 불신을 초래할 수 있다. 클럽이 회원들의 가입비나 연회비를 어떻게 사용하고 있는지에 대한 불투명성이 문제가 될 수 있다.
② 관리 변경: 클럽의 관리자가 변경되거나, 소유주가 바뀌면서 클럽 운영 방침이 달라지는 경우, 기존 회원들과의 갈등이 발생할 수 있다.

5. 소송 및 법적 분쟁 사례
① 환불 소송: 미국 전역에서 많은 골프 클럽이 회원권 환불과 관련된 소송에 직면하였다. 회원들은 클럽이 약속한 환불 조건을 이행하지 않았다고 주장하며, 법적 대응을 통해 보상을 요구하기도 한다.
② 클럽 운영 실패: 클럽이 약속한 시설이나 서비스를 제공하지 못하거나, 클럽 운영이 중단될 경우 회원들이 집단 소송을 제기할 수 있다.

6. 환경 및 토지 사용 문제
골프장이 지역 사회에 미치는 환경적 영향이나 토지 사용과 관련된 문제로 인해 지역 주민들과의 갈등이 발생할 수 있으며, 이로 인해 회원권의 가치에 영향을 미치는 분쟁이 발생할 수 있다.

3. 장애인과 스포츠권, PGA Tour, Inc. v. Martin(2001)

PGA Tour, Inc. v. Martin(2001)은 미국 대법원이 골프 선수와 PGA 투어 간의 중요한 법적 분쟁을 다룬 판례로 Casey Martin은 선천적 혈관 장애인 Klippel-Trenaunay-Weber Syndrome을 앓고 있었으며, 이로 인해 장거리 걷기가 어렵고 위험했다.

Martin은 장애로 인해 골프 경기 중 카트를 사용해야 했지만, PGA 투어 규정에 따르면 선수들은 경기를 하는 동안 걸어야 했다. Martin은 1997년 PGA 투어에 참가하고자 했으나, 투어 측은 카트 사용을 허용하지 않았다.

Martin은 1998년에 미국 장애인법(ADA)에 근거해 PGA 투어를 상대로 소송을 제기했다. 그는 자신이 장애로 인해 카트를 사용할 권리가 있다고 주장했다.

이에 대해 다음과 같은 법적 쟁점이 문제가 되었다.

첫째, PGA 투어와 같은 스포츠 조직이 ADA의 적용을 받는지, 둘째, Martin이 카트를 사용하는 것이 다른 선수들과 비교해 부당한 이점을 제공하는지, 셋째, PGA 투어가 Martin에게 카트를 사용하는 것을 허용하는 것이 합리적인 조치인지다.

미국 대법원은 2001년 7대 2의 판결로 Martin의 손을 들어 주었다. 대법원은 PGA 투어가 상업적 조직이기 때문에 ADA의 적용을 받는다고 판단했다. 또한 Martin이 카트를 사용하는 것은 그의 장애를 보완하는 합리적인 조치이며, 이로 인해 다른 선수들에 비해 불공정한 이점을 얻는 것은 아니라고 결론지었다.

이 사건은 ADA가 상업적 스포츠에도 적용될 수 있음을 명확히 하였고,

장애를 가진 사람들이 합리적인 배려를 요구할 권리가 있음을 확립했다. 이 판결은 이후 다른 스포츠와 관련된 법적 분쟁에도 영향을 미쳤으며, 장애인 권리 보호의 중요한 사례로 남아 있다. 이 사건은 미국에서 장애인 권리와 관련된 법적 논의에서 중요한 전환점이 되었으며, 스포츠 규정과 ADA 간의 관계를 명확히 한 중요한 판례로 평가받고 있다.

4. 여성과 스포츠권, Martha Burk v. Augusta National Golf Club(2002)

이 사건은 법적 소송은 아니지만 여성의 스포츠권에 대해 많은 논의를 불러일으킨 골프 관련 분쟁이다. 그래서 Martha Burk v. Augusta National Golf Club(2002) 사건은 여성의 권리, 특히 엘리트 클럽의 성차별 문제를 중심으로 한 중요한 사회적 사건으로 기록된다.

Martha Burk는 여성 권리 운동가이자 여성정책연구소(Women's Institute for Freedom of the Press)의 의장이었다. 그녀는 2002년 Augusta National Golf Club의 여성 회원 배제 정책에 대해 문제를 제기했다. 이 클럽은 미국 조지아주에 위치한 명망 높은 골프 클럽으로, 매년 마스터스 토너먼트를 개최하는 곳으로도 유명하다.

Augusta National Golf Club은 그 당시 남성 회원만을 허용했으며, 여성 회원을 받아들이지 않는 정책을 유지하고 있었다. Burk는 이 정책이 성차별적이라고 주장하며, 클럽에 여성 회원을 받아들이도록 촉구했다. 그녀는 클럽 측에 공개적으로 여성 회원을 허용할 것을 요청하는 편지를 보냈고, 이로 인해 대중과 미디어의 큰 관심을 끌었다.

Burk의 요청은 Augusta National의 의장인 Hootie Johnson에 의해

거부되었다. Johnson은 클럽이 외부 압력에 의해 정책을 변경하지 않을 것이며, 필요하면 '언젠가는 그렇게 할 수도 있지만, 그 시점은 지금이 아니며 압력에 의해 결정되지는 않을 것'이라고 강경하게 반박했다. 이 논쟁은 미국 전역에서 큰 반향을 일으켰고, 많은 사람들은 Burk를 지지하며 Augusta National의 정책 변경을 요구했다. 반면, 일부는 클럽이 사적인 조직으로서 자신의 회원 정책을 스스로 결정할 권리가 있다고 주장했다.

2003년 마스터스 토너먼트 보이콧 사건은 Burk와 그녀의 지지자들이 하나가 되게 한 사건이었다. 2003년 마스터스 토너먼트 기간 동안 그들은 클럽 밖에서 시위를 했는데 Augusta National은 흔들리지 않았다. 마스터스 토너먼트의 주요 스폰서들이 논란을 피하기 위해 광고를 철회하는 등의 여파가 있었지만, 클럽의 정책에는 즉각적인 변화가 없었다.

이 논쟁은 여성 권리 운동의 중요한 순간으로 평가되지만, Augusta National은 즉각적으로 여성 회원을 받아들이지 않았다. 그러나 논란이 지속되는 동안, 사회적 압력은 계속 증가했고, 결국 클럽은 2012년 역사상 처음으로 두 명의 여성 회원(콘돌리자 라이스 전 미국 국무장관과 사업가 다르라 무어)을 받아들였다.

Martha Burk의 활동은 성별에 따른 배타적인 관행에 대한 사회적 논의를 촉발했으며, 특히 엘리트 스포츠와 클럽에서의 성차별 문제를 공론화하는 데 중요한 역할을 했다. 이 사건은 성평등 운동의 역사에서 중요한 사례로 남아 있으며, 오늘날까지도 성차별에 대한 논의에서 자주 언급된다.

5. 골프 코스 디자인과 지적재산권

우리나라에 골프존 사건이 있다면 미국에는 20여 년 전 이미 Pebble

Beach Company v. Tour 18 I Ltd.(1996) 사건이 있었다.

　Pebble Beach Company v. Tour 18 I Ltd.(1996)는 지적재산권, 특히 트레이드 드레스(trade dress)와 관련된 중요한 판례로 이 사건은 유명 골프 코스의 디자인을 무단으로 복제하여 상업적 이익을 추구하는 행위에 대한 법적 판단을 다루었다.

　Pebble Beach Company는 캘리포니아에 위치한 유명한 골프 코스인 Pebble Beach Golf Links를 운영하는 회사이다. 이 골프 코스는 전 세계적으로 유명하며, 그 경관과 디자인은 골프 팬들 사이에서 널리 존경받고 있다.

　Tour 18 I Ltd.는 텍사스주에 위치한 골프 코스를 운영하는 회사로, 이들은 'Tour 18'이라는 골프 코스를 개발했다. 이 코스는 미국 내 유명 골프 코스의 홀들을 복제하여 재현한 것으로, Pebble Beach Golf Links의 몇몇 유명한 홀들 역시 포함되어 있었다.

　Pebble Beach Company는 Tour 18이 자신의 골프 코스 디자인을 무단으로 복제하여 트레이드 드레스를 침해했다고 주장했다. 트레이드 드레스는 상품의 외형, 포장, 프레젠테이션 등을 포함하며, 소비자들에게 특정 제품이나 서비스의 출처를 식별하게 하는 역할을 한다. Tour 18 측은 자신들이 단순히 골프 코스를 복제한 것이지, Pebble Beach의 상업적 가치나 평판을 훼손하려는 의도가 없었다고 주장했다.

　법원은 Pebble Beach Company의 손을 들어 주었다. 법원은 Tour 18이 유명 골프 코스의 디자인을 무단으로 복제하여 상업적 이익을 얻는 행위가 트레이드 드레스 침해에 해당한다고 판단했다. 이 판결은 특정한 골프 코스의 디자인도 트레이드 드레스로 보호될 수 있음을 인정한 중요한 사례로 기록되었다.

Tour 18 골프 코스는 여전히 텍사스에서 운영되고 있으며, 이 코스는 여전히 원래의 디자인을 유지하고 있다. 이 코스는 미국에서 가장 유명한 골프 코스의 대표적인 홀들을 재현한 것으로, Pebble Beach, Augusta National, Pinehurst와 같은 유명 골프 코스의 홀들을 포함하고 있다. 특히 문제가 되었던 Tour 18 Houston과 Tour 18 Dallas는 여전히 운영 중이며, 골프 팬들에게 '미국의 가장 위대한 18홀'을 한곳에서 체험할 수 있는 기회를 제공한다. 이 코스들은 1990년대에 법적 논쟁을 겪었지만, 결국 코스 디자인을 변경하지 않고 계속해서 운영되고 있다. 우리나라 골프 존 사건은 사건 이후 바로 잊혔는데 이를 잘 활용하는 지혜를 가진 미국 골프장이라 하겠다.

6. 골프 산업과 갤러리 간의 분쟁

골프는 대중에게 상당히 친화적인 스포츠로 미국에서만 Golf Digest, Golf Magazine, Golfweek, Golf Tips Magazine, Links Magazine, The Golfer's Journal, Golf World 등 가장 많은 매거진이 발행되는 분야이다. 그중 골프 산업에서 갤러리(galleries)는 경기를 직접 관람하는 관중을 의미하며, 이들은 골프 경기에 중요한 역할을 하고 있다. 갤러리의 존재는 경기의 분위기, 경제적 영향, 스포츠의 대중화에 큰 기여를 하며, 그 역할은 다음과 같이 요약될 수 있을 것이다.

첫째, 경제적 영향으로 주요 골프 대회에서는 갤러리의 티켓 판매가 중요한 수입원이 된다. 티켓 판매 수익은 대회 운영, 상금 지급, 시설 관리 등에 사용된다. 또한 골프 대회가 열리는 지역은 갤러리들로 인해 관광 수요가 증가하게 된다. 호텔, 식당, 교통 등 지역 경제에 긍정적인 영향을 미치며, 대회가 열리는 도시나 국가의 경제 활성화에 기여한다. 갤러리가 많은 대회일수록 스폰서십 가치는 상승하며 대회가 많은 관중을 끌어들이면, 기업들은 그만큼 높은 노출 효과를 기대할 수 있어 더 많은 투자와 스폰서십 계약이 이루어진다.

둘째, 갤러리들은 골프 경기에 활기를 불어넣으며, 선수들에게도 큰 영향을 미친다. 갤러리의 응원과 반응은 선수들에게 긍정적인 영향을 줄 수 있는데 예를 들어, 중요한 퍼트가 성공했을 때 들려오는 큰 환호는 선수에게 동기부여가 될 수 있다. 반대로, 갤러리의 기대와 집중된 분위기는 선수들에게 긴장감을 줄 수 있다. 이 긴장감은 경기를 더욱 흥미진진하게 만들며, 선수들의 퍼포먼스에 직간접적인 영향을 미친다.

셋째, 갤러리들은 골프의 대중화와 스포츠 문화 형성에 중요한 역할을 했다. 많은 갤러리가 경기를 관람하는 모습은 미디어를 통해 전 세계에 방송됨으로써 이는 골프의 인기를 높이고, 더 많은 사람들이 골프에 관심을 갖게 만드는 데 기여했다. 갤러리 중 일부는 처음으로 골프 경기를 직접 관람하는 사람들일 수 있고 이들은 경기를 통해 골프에 대한 흥미를 느끼고, 새로운 팬이 될 가능성이 높다.

넷째, 갤러리는 골프 경기가 단순한 스포츠 이벤트를 넘어, 사회적 및 문화적 행사로 자리 잡는 데 기여했는데 갤러리들은 골프 대회에서 새로운 사람들을 만나고, 네트워킹을 할 수 있는 기회를 얻으며 특히 주요 대회에서는 비즈니스 리더, 유명인, 골프 팬들이 한데 모이는 중요한 사회적 이벤트가 되기도 한다. 갤러리의 참여는 골프 문화를 확산시키는 데 기여했다.

그럼에도 불구하고 골프 갤러리와 관련된 분쟁은 주로 온라인 커뮤니티에서 최근 법적 문제가 생겨나고 있다. 첫째는 골프 갤러리나 유사한 커뮤니티에서 다른 매체나 개인이 작성한 콘텐츠를 무단으로 게시하거나 공유하면서 저작권 침해 문제가 발생할 수 있다. 특히 골프 레슨 영상, 골프 코스 리뷰, 경기 하이라이트 등의 콘텐츠가 무단으로 공유되는 경우가 많아 저작권 침해의 문제로 원작자가 법적 대응을 통해 해당 콘텐츠의 삭제를 요구하거나 손해배상을 청구할 수 있다.

둘째는 온라인 커뮤니티에서는 익명성을 기반으로 다양한 의견이 오가면서 특정 인물이나 기업에 대한 비판이 과도하게 이루어지는 경우가 많다. 골프 갤러리와 같은 곳에서도 프로 골퍼, 골프 관련 기업, 또는 특정 골프장에 대한 비판이나 허위 사실이 유포될 수 있다. 이러한 행위는 명예훼손으로 이어질 수 있으며, 피해자는 법적 대응을 통해 게시물을 삭제하거나 손해배상을 청구할 수 있게 된다.

셋째, 개인정보 보호의 문제이다. 온라인 커뮤니티에서 사용자의 개인정보가 무단으로 노출되거나, 동의 없이 사진이나 동영상이 게시되는 경우도 문제가 된다. 예를 들어, 특정 골퍼의 개인정보가 유출되거나, 사적인 사진이 공유되는 경우 관련 당사자가 법적 대응을 할 수 있다.

미국의 골프 리그

1. 프로페셔널 리그 및 투어

(1) PGA Tour
PGA 투어는 미국의 주요 프로 골프 투어로, 전 세계적으로 가장 유명하고 권위 있는 골프 투어 중 하나이다. 매년 여러 대회가 열리며, PGA 챔피언십, 더 플레이어스 챔피언십, 페덱스컵 플레이오프 등 중요한 대회가 포함된다.

(2) Korn Ferry Tour
Korn Ferry 투어는 PGA 투어의 하위 리그로, 주로 신인 선수들이 PGA 투어로 진출하기 위해 경쟁하는 곳으로 Korn Ferry 투어에서 좋은 성적을 거둔 선수들은 다음 시즌에 PGA 투어 카드(출전권)를 획득할 수 있다.

(3) PGA Tour Champions
PGA Tour Champions는 50세 이상의 프로 골퍼들이 참가하는 시니어 투어로 이 투어는 전직 PGA 투어 선수들이 주로 참가하며, 중요한 시니어 골프 대회들이 포함된다.

2. 여자 프로페셔널 투어

(1) LPGA Tour
LPGA 투어는 미국의 주요 여자 프로 골프 투어로, 전 세계 최고의 여자 골퍼들이 참여하는 투어로 매년 다양한 대회가 열리며, US Women's Open, Women's PGA Championship, ANA Inspiration과 같은 메이저 대회들이 포함된다.

(2) Symetra Tour
Symetra 투어는 LPGA 투어의 하위 리그로, 신인 선수들이 LPGA

투어로 진출하기 위해 경쟁하는 곳으로 Symetra 투어에서 좋은 성적을 거둔 선수들은 LPGA 투어 카드(출전권)를 획득할 수 있다.

3. 남자 세미프로 및 독립 투어

(1) Mackenzie Tour – PGA Tour Canada
Mackenzie 투어는 캐나다에서 열리는 세미프로 투어로, 주로 신인 선수들이 참가하여 PGA 투어로 진출하기 위한 발판을 마련한다.

(2) PGA Tour Latinoamérica
PGA Tour Latinoamérica는 라틴 아메리카에서 열리는 세미프로 투어로, 신인 골퍼들이 PGA 투어로 진출하기 위해 경쟁하는 리그이다.

(3) PGA Tour of Australasia
PGA Tour of Australasia는 오스트레일리아와 뉴질랜드를 포함한 오세아니아 지역의 주요 골프 투어로, 미국과 유럽 투어로 진출하기 위한 경로 중 하나이다.

4. 아마추어 리그 및 투어

(1) United States Golf Association(USGA) Amateur Events
USGA는 다양한 아마추어 골프 대회를 주최하며, 이 중 가장 유명한 대회로는 US Amateur Championship, US Women's Amateur Championship 등이 있다. 이 대회들은 아마추어 골퍼들이 자신의 기량을 선보이고 프로로 진향할 수 있는 중요한 기회를 제공한다.

(2) NCAA Golf
NCAA 골프는 미국 대학 골프 리그로, 많은 미국의 프로 골퍼들이 대학 시절 NCAA 대회를 통해 실력을 쌓는다. NCAA 챔피언십은 중요한 대회 중 하나이며, 많은 스카우트들이 주목하는 대회이다.

5. 시니어 및 기타 리그 등

(1) Champions Tour Qualifying School
Champions Tour Qualifying School은 PGA Tour Champions에서 활동하기 위한 시니어 골퍼들의 예선전으로 이 예선을 통해 상위에 오른 골퍼들은 시니어 투어에서 활약할 기회를 얻는다.

(2) Minor League Golf Tour
Minor League Golf Tour는 플로리다에서 운영되는 소규모 투어로, 주로 신인 골퍼들이 참가하여 더 높은 수준의 투어로 진출하기 위한 경험을 쌓는다.

제2절 골프와 법

1. 셔먼 반독점법(Sherman Antitrust Act)

셔먼 반독점법은 1890년에 제정된 법률로, 미국 내 상업 활동에서 독점 및 반경쟁적인 행위를 금지한다. 골프 산업에서도 반독점법이 적용될 수 있다. 예를 들어, 골프 용품 제조업체들이 가격 담합이나 시장 독점 행위를 할 경우, 셔먼법에 따라 제재를 받을 수 있게 된다.

2. 노동 관리 관계법
(Labor Management Relations Act, LMRA)

이 법은 노동자와 경영진 간의 관계를 규율하며, 노동조합의 권리와 집단 교섭의 절차를 보호한다. 프로 골퍼들이 집단 교섭을 통해 자신들의 권익을 보호하고, 임금과 계약 조건에 대해 협상할 수 있는 권리를 보장하는데 예를 들어, 프로 골프 투어에서 선수들이 출전료, 상금 분배, 기타 조건 등에 대해 투어 측과 협상할 수 있다.

미국 골프 산업과 캐디

▣ 캐디의 역할

1. 클럽 운반: 캐디의 기본적인 역할은 골퍼의 골프백을 들고 코스를 이동

2. 코스 조언: 캐디는 코스의 레이아웃, 그린의 경사, 바람의 방향 등 코스에 대한 정보를 제공하여 골퍼가 더 나은 결정을 내릴 수 있도록 도움
3. 거리 측정: 캐니는 홀까지의 거리를 측정하고, 골퍼가 적절한 클럽을 선택하도록 조언
4. 멘탈 서포트: 경기 중 골퍼의 심리적 상태를 유지하는 데 도움을 주며, 중요한 순간에 차분함을 유지하도록 도움
5. 공 정리 및 클럽 청소: 캐디는 매 샷 후에 클럽을 청소하고, 골퍼가 다음 샷을 준비할 수 있도록 공을 정리

■ 프로 골프 캐디와 아마추어 골프 캐디

1. 프로골프 캐디
(1) PGA 투어 캐디: 프로 골프 투어에서 활동하는 캐디들은 선수와 긴밀하게 협력하여 경기 전략을 수립하고, 중요한 결정을 함께 내림
(2) 수입: PGA 투어 캐디의 수입은 기본 급여와 성과에 따른 보너스(상금의 일정 비율)로 구성. 일반적으로 캐디는 선수 상금의 5~10%를 보너스로 받음. 유명한 캐디들은 연간 수백만 달러를 받음
(3) 관계: 프로 골퍼와 캐디의 관계는 매우 중요하며, 신뢰와 팀워크가 핵심. 유명한 예로는 타이거 우즈와 그의 오랜 캐디였던 스티브 윌리엄스의 관계가 있음

2. 아마추어 골프 캐디
(1) 클럽 캐디: 아마추어 골퍼들은 자주 골프 클럽에서 제공하는

캐디 서비스를 이용. 이들은 주로 클럽에서 고용된 캐디로, 코스의 레이아웃과 특징을 잘 알고 있어 골퍼들에게 유용한 조언을 제공
(2) 캐디 프로그램: 미국의 많은 골프 클럽들은 캐디 프로그램을 운영하여 젊은이들이 캐디로 일하며 골프에 대해 배우고, 장학금을 받을 수 있는 기회를 제공. 대표적인 예로는 시카고 골프 클럽에서 시작된 Evans Scholars Foundation이 있으며, 이 프로그램은 재능 있는 캐디들에게 대학 장학금을 제공

◼ 캐디 교육 및 인증

1. 교육 프로그램: 캐디가 되기 위해서는 교육과 훈련이 중요. 많은 골프 클럽에서는 캐디를 위한 교육 프로그램을 운영하여, 코스 지식, 에티켓, 그리고 클럽 관리 등에 대한 훈련을 제공

2. PGA 인증 교육 프로그램: 프로 캐디로 활동하려면 경험과 함께 전문적인 교육이 필요. 일부 캐디들은 PGA(Professional Golfers' Association)의 교육 프로그램을 통해 인증을 받음

◼ 캐디의 문화와 역사
골프가 시작된 스코틀랜드에서 처음에는 골프 클럽을 운반하는 역할에 불과했으나, 시간이 지나면서 캐디들은 경기 전략과 심리적 지원을 제공하는 중요한 파트너로 발전했다. 미국에서는 캐디의 역할이 클럽 문화의 중요한 부분으로 자리 잡고 있으며, 특히 명문 골프

클럽에서는 숙련된 캐디가 골퍼의 경험을 크게 향상시킨다. 미국에서 골프 캐디는 단순한 보조 역할을 넘어, 골퍼의 성적에 큰 영향을 미치는 중요한 역할을 담당하며 특히, 프로 투어에서 캐디는 골퍼의 가장 가까운 조언자로서, 경기 전략 수립, 클럽 선택, 그리고 경기 중 심리적 지원을 제공하는 필수적인 파트너로 자리 잡았다.

■ 미국 캐디와 노동법

1. Fair Labor Standards Act(FLSA)
(1) 적용 여부: FLSA는 미국의 최저임금, 초과근무 수당, 아동 노동 규제를 포함하는 기본적인 노동법. 이 법은 골프장이나 클럽에서 정규직 또는 시간제 직원으로 고용된 캐디에게 적용
(2) 최저임금: FLSA에 따르면, 고용주는 캐디에게 연방 최저임금(또는 주 법에 따라 더 높은 최저임금)을 지급. 다만, 일부 캐디들은 팁 기반으로 수입을 얻을 수 있으며, 이 경우에도 법에 따라 최저임금에 상응하는 수입을 보장받아야 함
(3) 초과근무 수당: 캐디가 주당 40시간을 초과하여 근무할 경우, FLSA는 그에 대한 초과근무 수당을 받을 권리를 보장. 이는 일반적으로 정규 시급의 1.5배에 해당

2. 독립 계약자(Independent Contractor)
(1) 적용 여부: 많은 골프 캐디들이 독립 계약자 신분으로 일함. 이 경우, FLSA와 같은 전통적인 노동법 규정의 일부가 적용되지 않을 수 있음.

독립 계약자는 고용주의 직접적인 감독 없이 자율적으로 일하며, 자신이 일할 시간과 조건을 결정할 수 있음
(2) 고용 법규와 차이점: 독립 계약자로 분류되면 최저임금, 초과근무 수당, 의료보험 등의 혜택이 제공되지 않을 수 있음. 그러나 독립 계약자로서의 이점을 누릴 수 있으며, 예를 들어 여러 클럽에서 동시에 일할 수 있는 자유가 존재

3. 아동 노동법
(1) 적용 여부: 캐디로 일하는 미성년자는 연방법과 주법에 따라 아동 노동 규제의 적용 대상임. FLSA는 14세 미만의 아동이 대부분의 비농업 직종에서 일하는 것을 금지하고 있으며, 14세와 15세의 아동은 제한된 시간 동안 특정 직업에서만 일할 수 있음
(2) 제한 사항: 16세 미만의 캐디들은 학교 수업 시간 외에만 일할 수 있으며, 하루 또는 주당 일할 수 있는 시간이 제한됨. 골프장에서 캐디로 일하는 청소년의 경우, 이러한 규정에 따라 보호됨

4. 근로자 보상법(Workers' Compensation)
(1) 적용 여부: 캐디가 정규직 또는 시간제 직원으로 고용되어 있는 경우, 골프장에서 일하는 동안 부상을 당할 경우 주의 근로자 보상법에 따라 치료비와 손실된 임금을 보상받을 수 있음
(2) 독립 계약자와 차이점: 독립 계약자일 경우 근로자 보상법의 혜택을 받지 못할 수 있으므로, 개인적으로 보험을 가입하는 것이 중요할 수 있음

5. 고용 차별 금지법

캐디로 일하는 동안 고용주가 인종, 성별, 나이, 종교 등에 기반한 차별을 하지 못하도록 하는 연방법과 주법의 보호를 받음. 예를 들어, 캐디가 차별이나 괴롭힘을 당했다면 고용 기회 위원회(EEOC)나 해당 주의 노동부에 고소 가능

6. 단체 교섭과 노조

일부 지역에서는 캐디들이 노동조합에 가입하여 단체 교섭을 통해 임금과 근로 조건을 협상 가능(캘리포니아, 일리노이, 뉴욕주는 캐디조합 존재)

7. 독립 계약자와 고용주 간의 법적 분쟁

최근 몇 년간 독립 계약자와 고용주 간의 법적 분쟁이 증가하고 있으며, 많은 주에서는 고용주가 독립 계약자를 정규직으로 분류하지 않고 있는지 여부를 엄격하게 검토 가능. 잘못된 분류가 판명될 경우, 고용주는 법적으로 책임을 질 수 있음

결론적으로, 미국의 골프 캐디는 그들이 어떤 형태로 고용되어 있는지에 따라 다양한 노동법 규정의 적용을 받을 수 있다고 함. 정규직 또는 시간제 직원으로 고용된 캐디들은 FLSA와 같은 연방법에 따라 보호받을 수 있으며, 독립 계약자라면 일부 보호가 제한될 수 있지만 자율성이 더 높아질 수 있음

3. Fair Labor Standards Act(FLSA)

우리나라 근로기준법에 해당하는 FLSA는 최저임금, 초과근무 수당, 아동 노동 규제 등을 포함한 미국의 노동법이다. 골프장에서 일하는 직원들(예: 캐디, 관리 직원, 그라운드스키퍼 등)은 FLSA에 따라 보호받으며, 최소한의 임금을 보장받고 근로 시간에 따른 초과근무 수당을 받을 수 있다. 프로 골퍼들의 경우 대부분의 선수들이 FLSA의 규정보다 높은 수익을 얻고 있지만, 이는 아마추어 선수나 미니 투어 선수들에게는 중요한 보호 조치가 될 수 있다.

4. Sports Broadcasting Act of 1961

이 법은 미국의 프로 스포츠 리그가 TV 방송권을 집합적으로 판매할 수 있도록 허용된 법으로 PGA 투어, LPGA, 그리고 다른 주요 골프 대회들은 이 법에 따라 방송권을 집단적으로 판매할 수 있으며, 그 수익을 대회 주최 측과 선수들에게 분배한다. 이 법은 골프 투어가 방송 수익을 통해 재정적 안정을 유지하고, 대회를 성공적으로 개최하는 데 기여가 필요하다.

5. Americans with Disabilities Act(ADA)

ADA는 장애를 가진 사람들의 권리를 보호하는 법률로, 공공시설 접근성, 고용 기회, 그리고 공정한 대우를 보장한다. 앞서 살펴본 PGA Tour, Inc. v. Martin(2001) 사건은 ADA와 관련된 중요한 판례로 프로 골퍼

케이시 마틴(Casey Martin)은 혈관 장애로 인해 걷기 어려워 전동 카트 사용을 요구했는데 법원은 마틴의 권리를 인정하여 PGA 투어가 그에게 전동 카트 사용을 허용해야 한다고 판결하였고 이 판결은 장애인들이 스포츠에 참여할 수 있는 권리를 강화하는 중요한 사례로 남게 되었다.

6. Title IX of the Education Amendments of 1972

타이틀 IX는 교육 프로그램이나 활동에서 성차별을 금지하는 연방 법률로서 타이틀 IX는 미국 대학 골프 프로그램에서 성평등을 보장하는 중요한 역할을 한다. 이 법은 여자 골프 프로그램이 남자 골프 프로그램과 동일한 자원과 기회를 제공받도록 요구한다. 타이틀 IX는 미국 학원 스포츠 전반에서 성평등을 촉진하는 데 기여하며, 여자 골프의 발전에도 중요한 역할을 했다.

7. 기타

그 밖에도 골프는 플레이어와 관람객의 보호를 위해 안전 관련 이슈와 환경 보호 이슈가 존재한다. 골프장 운영자는 미국 환경보호청(EPA)에서 규정한 환경 보호법을 준수해야 하며, 이는 물 사용, 농약 사용, 토양 및 수질 보호 등과 관련된다. 예를 들어, 골프장은 지속 가능한 방식으로 운영되기 위해 환경 영향 평가를 받아야 하며, 관련 규정을 위반할 경우 법적 제재를 받을 수 있다. 최근 지식재산에 대한 관심이 높아져 골프 코스 디자인, 대회 명칭, 로고, 방송 권리 등과 관련된 지적재산권 보호는 중요한 이슈이다.

최근 미국은 골프 인구 감소 및 인구 고령화로 새로운 골퍼 유치가 어려워 심각한 재정난에 빠져 있다. 밀레니얼 세대와 Z세대는 시간과 비용이 많이 드는 스포츠보다는 더 빠르고 간편한 레크리에이션 활동을 선호하는 경향이 있다. 새로운 골퍼가 충분히 유입되지 않으면, 시간이 지남에 따라 전체 골프 인구가 감소할 위험이 있다.

골프장 운영에는 많은 비용이 소요되는데 유지 보수, 인건비, 물 관리, 에너지 비용 등이 증가하면서 골프장의 경제적 부담이 커지고 있다. 특히, 물 사용 규제가 강화되고 있는 지역에서는 물 관리 비용이 중요한 문제로 떠오르고 있다. 골프장의 수익성이 저하되면서 일부 골프장은 운영을 중단하거나 다른 용도로 전환되고 있는데 이는 골프장의 공급이 수요보다 많아진 데 따른 결과이기도 하다. 골프장은 많은 면적을 차지하며, 물 사용량이 많고, 농약 및 화학 비료 사용이 환경에 영향을 미칠 수 있다. 이러한 환경 문제로 인해 골프장 운영자들은 지속 가능한 방법을 모색해야 하는 압박을 받고 있다. 최근 기후 변화는 골프장 운영에 직접적인 영향을 미치고 있다. 가뭄, 홍수, 폭염 등 극단적인 기후 조건이 빈번해지면서, 골프장 관리와 운영이 점점 더 어려워지고 있는 것도 사실이다.

골프는 장비 구입, 골프장 이용료, 레슨비 등 초기 비용이 많이 드는 스포츠이다. 이러한 높은 비용은 골프를 처음 시작하는 사람들에게 큰 장벽으로 작용할 수 있다. 많은 사람들이 경제적 부담으로 인해 골프장 회원권을 포기하거나, 이전보다 더 적은 빈도로 골프장을 이용하게 되면서 골프장 수익이 줄어드는 문제가 발생하고 있다. 코로나19 팬데믹은 골프 산업에 양면적인 영향을 미쳤다. 한편으로는 안전한 야외 활동으로서 골프의 인기가 증가했지만, 다른 한편으로는 경제적 불확실성으로 인해 골프장과 관련 산업에 재정적 압박이 가중되었다.

골프 산업은 기술 발전을 따라잡기 위해 노력하고 있지만, 디지털화가 충분히 이루어지지 않은 부분도 존재한다. 스크린 골프나 가상 골프와 같은 기술이 인기를 끌고 있지만, 전통적인 골프장들은 이러한 변화에 적응하는 데 어려움을 겪고 있다. 골프장 운영자들은 데이터 분석을 통해 고객 경험을 향상시키고, 맞춤형 서비스를 제공하는 데 있어 기술 도입이 중요해지고 있다. 이와 같이 미국 골프 산업은 인구 구조 변화, 경제적 압박, 환경 문제 등 여러 도전에 직면해 있다. 이러한 문제들을 해결하기 위해 골프 산업은 젊은 세대의 유입을 촉진하고, 지속 가능한 운영 방안을 모색하며, 기술을 적극적으로 도입해야 할 필요성이 있다.

우리나라는 IT 기술의 발전으로 골프 존과 같은 기업이 골프 시뮬레이터 관련 특허 기술을 많이 보유, 스크린 골프 시스템을 제공하고 있다. 이를 통해 경쟁사들과의 차별화를 꾀하고 있으며 골프존의 특허는 골프 시뮬레이터의 정확한 공의 궤적을 추적하고, 이를 바탕으로 가상 골프 환경을 구현하는 기술이다. 젊은 인구들이 게임이나 가상 시뮬레이터에 친화하는 성향이 있으므로 이를 잘 활용한다면 골프 인구의 감소를 막을 수 있을 것으로 보인다.

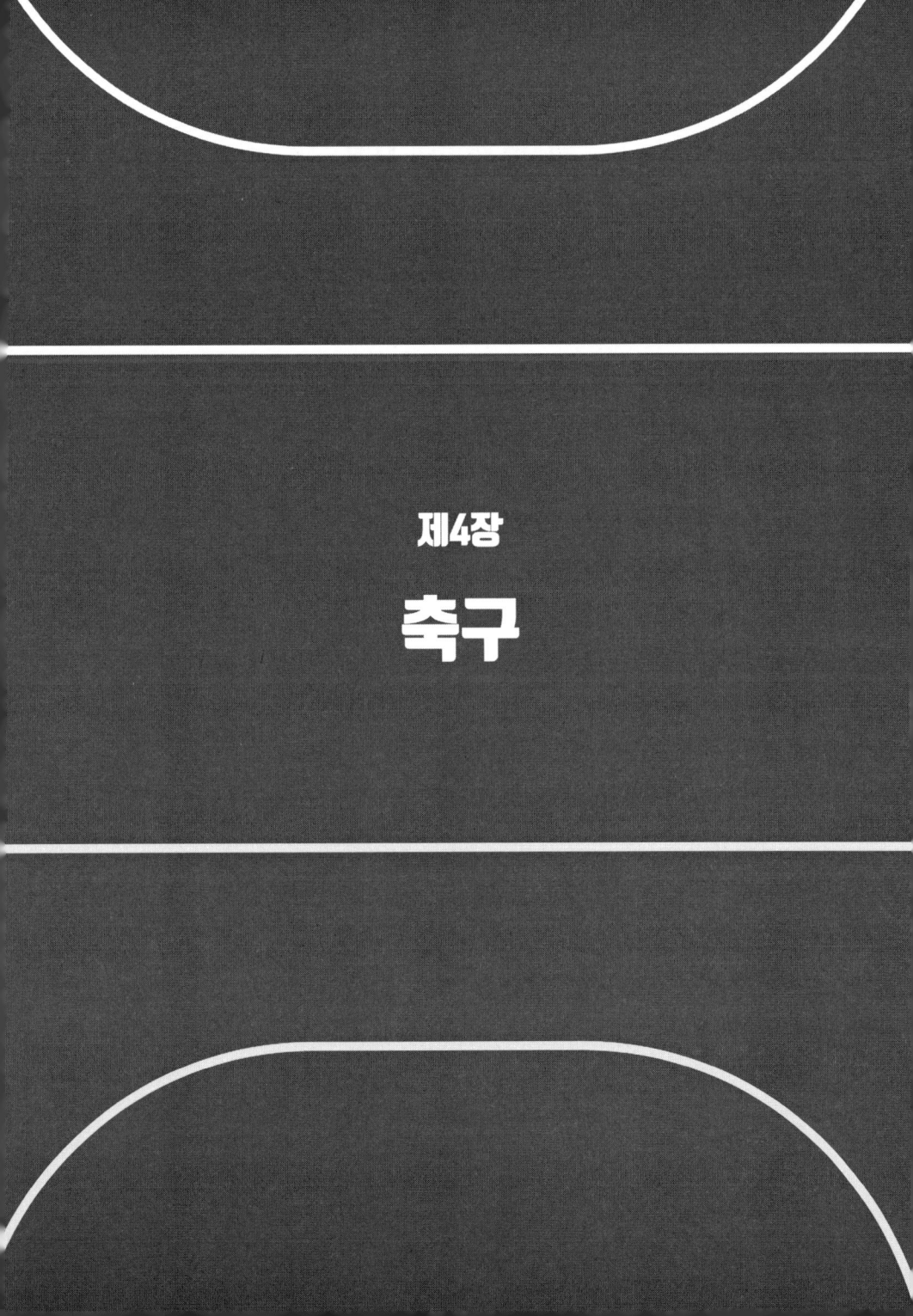

제4장
축구

제4장 축구

제1절 축구와 사건

1. 여성 선수들의 임금 인상 요청 사건

Case: United States Women's National Team Players Association v. United States Soccer Federation(2020)은 미국 여자 축구 대표 팀 선수들이 미국 축구 연맹(USSF)을 상대로 제기한 평등 임금 및 차별 철폐 소송이다. 이 사건은 여성 스포츠 선수들이 직면한 임금 격차와 차별 문제에 대해 전 세계적인 관심을 끌었으며, 스포츠 산업에서 성평등 문제를 둘러싼 중요한 법적 분쟁으로 기록되었다.

미국 여자 축구 대표 팀(USWNT)은 전 세계적으로 가장 성공적인 여자 축구 팀 중 하나로, 여러 차례 월드컵과 올림픽에서 우승을 차지했다. 그러나 USWNT 선수들은 자신들이 남자 축구 대표 팀(USMNT) 선수들에 비해 더 많은 성공을 거두었음에도 불구하고, 동일한 수준의 임금을 받지 못하고 있다고 주장했다. 이에 따라 2016년, USWNT 선수들은 미국 축구 연맹을 상대로 평등 임금과 차별 문제에 대한 소송을 제기했다. 선수들은 남자 대표 팀과 동일한 조건으로 계약을 체결할 것을 요구하며, USSF가 성별에 따라 차별적인 대우를 하고 있다고 주장했다.

USWNT 선수들은 USSF가 평등 임금법(Equal Pay Act)을 위반했다고 주장했다. 이 법은 동일한 직무를 수행하는 남성과 여성에게 동일한 임금을 지급할 것을 요구했다. 선수들은 또한 USSF가 제7차 민권법

(Title VII of the Civil Rights Act)을 위반했다고 주장했다. 이 법은 성별에 따른 차별을 금지하고 있다. 남자 대표 팀과 여자 대표 팀 선수들이 체결한 계약의 차이점과, 이 계약이 각 팀에 제공하는 혜택과 임금 구조의 차이가 문제의 중심에 있었다.

2020년 5월, 연방 지방법원은 선수들이 제기한 주요 평등 임금 청구에 대해 USSF의 손을 들어 주었다. 법원은 남자 대표 팀과 여자 대표 팀의 계약 구조가 다르다는 점을 인정하면서, USWNT 선수들이 자신들의 협상 결과에 따라 다른 임금 체계를 수용했기 때문에 평등 임금법을 위반한 것이 아니라고 판단했다. 그러나 법원은 작업 환경 및 여행 조건과 관련된 차별 청구에 대해서는 선수들에게 유리한 판결을 내렸다. 이 판결은 큰 논란을 일으켰으며, 많은 사람들이 법원의 결정을 비판했다. USWNT 선수들은 판결에 불복하여 항소를 제기했으며, 이 사건은 여성 스포츠 선수들이 직면한 성평등 문제와 관련하여 중요한 사회적 논의를 촉발했다. 결국, 2022년 2월, USWNT 선수들은 USSF와의 소송에서 합의에 도달했는데 USSF는 평등 임금과 관련된 청구에서 선수들에게 2,400만 달러를 지급하기로 합의했으며, 남녀 대표 팀 간의 임금 격차를 줄이기 위한 조치를 약속했다. 이 합의는 여성 스포츠에서의 평등을 위한 중요한 이정표로 평가받고 있다.

이 사건은 스포츠 산업에서 성평등 문제를 둘러싼 중요한 법적 분쟁 중 하나로, 여성 선수들이 평등한 대우와 임금을 요구하는 목소리를 높이는 계기가 되었다. 또한, 전 세계적으로 평등 임금과 성차별 문제에 대한 인식을 높이는 데 큰 역할을 했다.

2. 리그 구조와 선수 계약 시스템이 반독점법 위반인지 여부

Fraser v. Major League Soccer(2002) 사건은 미국 프로 축구 리그인 메이저 리그 사커(MLS)를 상대로 한 반독점 소송으로, MLS의 리그 구조와 선수 계약 시스템이 반독점법에 위배되는지를 다룬 중요한 법적 분쟁이다. 이 사건은 MLS의 독특한 운영 방식이 법적으로 어떻게 평가되는지를 이해하는 데 중요한 판례로 남아 있다.

MLS는 1993년에 설립되었으며, 미국과 캐나다에서 운영되는 축구 리그이다. MLS는 다른 미국의 주요 스포츠 리그(NFL, NBA, MLB)와는 달리, 단일 엔터티(Single Entity) 구조로 운영되는데 이 구조에서 MLS는 모든 팀의 소유권을 가지고 있으며, 선수 계약을 리그 차원에서 직접 관리한다. 즉, 선수들은 개별 팀이 아니라 리그와 계약을 맺고, 리그가 선수의 연봉과 이동을 결정한다.

이 사건에서 원고인 Fraser를 비롯한 여러 MLS 선수들은 MLS가 단일 엔터티 구조를 이용해 반독점법을 위반하고 있다고 주장했다. 그들은 MLS가 선수의 임금을 인위적으로 억제하고, 경쟁을 제한하며, 선수의 자유로운 이적을 방해한다고 주장했다. MLS의 단일 엔터티 구조가 반독점법에 위배되는가에 대해 원고들은 MLS가 팀 간 경쟁을 제한하고, 선수 시장에서의 경쟁을 억제하기 위해 단일 엔터티 구조를 사용하고 있다고 주장했다. MLS는 단일 엔터티(Single Entity) 구조로 운영되며, 리그 전체가 하나의 법인으로 구성되어 있다. 이 구조에서는 모든 팀이 리그의 소유이며, 선수 계약도 리그 차원에서 이루어진다.

원고인 Fraser를 비롯한 MLS 선수들은 이 구조가 시장에서의 경쟁을 억제하고, 선수 임금을 인위적으로 낮추는 데 사용되었다고 주장하며, 이는 반독점법을 위반한다고 주장했는데. 원고들은 MLS가 시장에서 지배적인 위치를 남용하여 선수들의 임금을 낮게 유지하고, 선수의 이동을 제한하고 있다고 주장했다. 선수들은 MLS의 계약 시스템이 선수의 자유로운 이적을 제한하며, 이는 반독점법에 위배된다고 주장했다.

2002년, 제1 연방항소법원은 MLS의 손을 들어 주었다. 법원은 MLS가 단일 엔터티 구조로 운영되기 때문에, 팀들 간의 경쟁 제한이 반독점법에 해당하지 않는다고 판단했다. MLS는 하나의 법인체로서, 내부적으로 팀 간의 경쟁이 아닌 리그 전체의 성공을 목표로 운영된다는 점이 인정되었다. 법원은 또한, MLS가 선수들의 임금을 낮추기 위해 시장을 남용했다는 주장에 대해서도, MLS의 행위가 반독점법을 위반하지 않는다고 결론지었다.

Fraser v. Major League Soccer 사건은 MLS의 단일 엔터티 구조가 미국 법원에서 합법적으로 인정받은 중요한 판례로 남아 있다. 법원은 MLS가 단일 엔터티로 운영됨으로써 팀 간의 경쟁이 아닌 리그 전체의 성공을 목표로 하며, 이는 반독점법의 적용 대상이 아니라고 판단했으며 MLS가 다른 주요 스포츠 리그와는 다른 방식으로 운영될 수 있는 법적 근거를 제공했다.

미국 축구 리그의 특수성

미국 축구 리그, 특히 남자 메이저 리그 사커(MLS)와 여자 내셔널 위민스 사커 리그(NWSL)에서의 선수 계약은 다른 나라의 리그와 다음의 몇 가지 주요한 차이점이 있다.

1. 싱글 엔터티 구조

MLS는 독특하게 '싱글 엔터티 구조(Single-Entity Structure)'로 운영된다. 이 구조에서는 리그 자체가 모든 팀을 소유하고 관리하며, 각 팀은 투자자-운영자에 의해 관리된다. 이로 인해 선수들은 각 팀과 계약을 맺는 것이 아니라 리그와 직접 계약을 맺는다. 이는 리그가 선수의 연봉과 이동을 직접 통제할 수 있게 하는 구조이다.

2. 선수 이동 및 트레이드

MLS에서는 선수 이동이 유럽 리그와는 다르게 제한된다. 자유계약 선수(Free Agent)가 되기 위한 조건이 엄격하며, 보통 선수는 특정 기간 동안 팀의 동의 없이 이적할 수 없다.
즉, 트레이드 시스템이 존재하며, 이는 NFL, NBA 등 미국의 다른 주요 프로 스포츠 리그와 유사하다.

3. 연봉 상한제(Salary Cap)

MLS는 팀당 사용할 수 있는 연봉의 총액에 상한을 두고 있다. 이 연봉 상한제는 리그 전체의 경쟁 균형을 유지하기 위한 장치로서 다만, 이 상한제를 초과하여 특정 스타 선수를 영입할 수 있는 '디자인드 플레이어(Designated Player)' 제도가 있다. 이 제도를 통해 팀은 상한선을 초과하여 일부 선수에게 더 높은 연봉을 지급할 수 있다.

4. NWSL의 경우

NWSL에서도 비슷한 구조로 운영되지만, MLS와는 다소 차이가 있다.

예를 들어 NWSL 선수들은 리그와 팀 사이에서 계약을 맺으며, 상한선이 있지만, 그 규모가 MLS보다 낮다. 또한 미국 국가대표 팀과의 연계 계약이 있어 일부 국가대표 선수들은 NWSL 팀과 별도의 계약을 맺기도 한다.

5. 계약의 유연성
미국 축구 리그는 계약 조건과 관련해 상대적으로 유연한 편이다. 예를 들어, 많은 선수들이 단기 계약을 맺거나, 특정 조건이 충족될 경우 계약을 연장하는 옵션을 포함하기도 한다. 이는 특히 MLS에서 자주 볼 수 있는 현상이다.

3. 선수계약 이적과 보상 문제, Webster v. Hearts of Midlothian(2007)

Webster v. Hearts of Midlothian(2007) 사건은 축구계에서 중요한 판례로, FIFA와 관련된 계약 법규와 관련하여 국제 스포츠법에 큰 영향을 미쳤다. 이 사건은 스코틀랜드 축구 선수 앤디 웹스터(Andy Webster)가 그의 클럽 하츠 오브 미들로디언(Hearts of Midlothian)과의 계약을 종료하고 Wigan Athletic으로 이적하면서 발생한 법적 분쟁이다.

앤디 웹스터는 하츠 오브 미들로디언에서 뛰던 스코틀랜드의 축구 선수로, 그는 클럽과 4년 계약을 맺고 있었다. 하지만 계약이 끝나기 전에 그는 클럽을 떠나 잉글랜드의 Wigan Athletic으로 이적하기를 원했다.

이 사건의 중심에는 FIFA의 이적 규정 제17조가 있다. 이 조항은 선수가 계약 기간이 끝나기 전에 클럽을 떠나고자 할 때, 계약을 종료할 수 있는 조건과 이에 따른 보상 문제를 다루고 있다.

FIFA의 제17조는 선수와 클럽 간의 계약이 특정 조건에서 해지될 수 있는 방법을 규정하고 있는데 이 규정에 따르면, 선수는 계약 기간의 보호 기간 이후에(보통 첫 3년 또는 4년 후) 클럽을 떠날 수 있으며, 이 경우 선수나 새 클럽은 이전 클럽에 '적절한 보상'을 지급해야 한다. 보상의 금액은 계약 잔여기간, 선수의 연봉, 선수의 이적 가치 등을 기준으로 산정된다.

웹스터는 하츠 오브 미들로디언과의 계약이 1년 남아 있는 상태에서, 이 규정을 이용해 계약을 종료하고 Wigan으로 이적했다. 하츠는 이를 계약 위반으로 간주하고 법적 대응에 나섰다.

이 사건은 FIFA 분쟁 해결위원회로 넘어갔고, 그 후 스포츠 중재 재판소(CAS)로 이송되었다. CAS는 결국 웹스터의 이적이 규정에 따른 합법적인 계약 종료임을 확인했다. 이 사건에서 중요한 점은 CAS가 '적절한 보상'에 대해 구체적으로 정의를 내리지 않았지만, 웹스터에게 부담할 금액이 클럽이 주장한 막대한 손해배상 금액보다는 훨씬 적었다는 점이다. 웹스터는 하츠 오브 미들로디언에 남은 계약 기간 동안의 급여와 비례하는 625,000 파운드를 배상하도록 판결되었다.

이 사건은 선수들이 클럽과의 계약에서 벗어나 다른 팀으로 이적할 수 있는 권리를 강화한 중요한 판례로 평가된다. FIFA의 규정이 어떻게 해석될 수 있는지에 대한 명확한 선례를 제공했으며, 이는 특히 유럽 축구에서 선수 계약과 이적과 관련된 법적 논의에 큰 영향을 미쳤다.

결과적으로 Webster v. Hearts of Midlothian 사건은 축구 선수 계약

의 유연성을 증대하고, FIFA 규정의 해석과 적용에 있어서 중요한 기준이 되었다. 이는 또한 클럽들이 선수와 계약을 체결할 때보다 신중하게 계약 조건을 설정하도록 만드는 계기가 되었다.

문제의 FIFA 제17조 규정?

FIFA 제17조 규정은 '계약 해지의 결과(Consequences of Terminating a Contract Without Just Cause)'에 대한 조항으로, 축구 선수와 클럽 간의 계약이 정당한 이유 없이 해지될 때 발생하는 결과를 규정하고 있다. 이 조항은 선수와 클럽 간의 계약 관계를 보호하면서도, 선수들이 특정 조건하에서 계약을 해지하고 다른 클럽으로 이적할 수 있는 권리를 보장한다.

■ FIFA 제17조의 주요 내용

(1) 적절한 보상
제17조에 따르면, 선수가 클럽과의 계약을 정당한 이유 없이 종료하려는 경우, 계약의 당사자는 상대방에게 보상금을 지급해야 한다. 보상의 금액은 계약의 잔여기간, 선수의 연봉, 선수의 이적 가치, 계약이 체결된 시점과 종료된 시점 사이의 시간 등을 고려하여 결정된다. 이 보상은 계약 해지로 인해 손해를 입은 측(클럽 또는 선수)에게 지급된다.

(2) 보호 기간

FIFA는 선수 계약에 대해 '보호 기간(Protected Period)'이라는 개념을 도입했다. 흔히 선수계약서에서 우리는 계약 기간, 준비기간 이라는 표현을 사용하지 보호 기간을 쓰지는 않는다. 그런데 FIFA는 보호 기간이라는 명확한 용어를 사용한다. 이 보호 기간은 28세 이하 선수의 경우 첫 3년, 28세 이상의 선수의 경우 첫 2년을 의미한다. 이 기간 동안 계약을 종료하려면 엄격한 규정이 적용되며, 이 기간 내에 계약을 해지하는 선수나 클럽은 더 큰 처벌을 받을 수 있다.

이는 다음과 같은 이유 때문인 것으로 보인다.

A. 계약의 안정성 확보

보호 기간은 클럽과 선수 간의 계약이 일정 기간 동안 안정적으로 유지될 수 있도록 보장한다. 이 기간 동안에는 선수나 클럽이 쉽게 계약을 종료하지 못하도록 규정되어 있다. 이는 클럽이 선수에게 투자한 시간과 자원이 충분히 활용될 수 있도록 보장하며, 선수도 클럽에서 지속적으로 경기를 뛰며 성장할 수 있는 기회를 제공한다.

B. 클럽의 투자 보호

클럽은 선수를 영입하고 훈련하기 위해 상당한 재정적, 인적 자원을 투자한다. 보호 기간은 이러한 투자를 보호하기 위해 존재한다. 만약 선수가 계약 초기 단계에서 쉽게 팀을 떠날 수 있다면, 클럽은 투자에 대한 충분한 보상을 받지 못할 수 있다. 보호 기간은 클럽이 선수의 성과나 이적료를 통해 투자를 회수할 수 있도록 도와준다.

C. 이적 시장의 공정성 유지

보호 기간은 축구 이적 시장의 공정성을 유지하는 데 기여한다. 만약 보호 기간이 없다면, 클럽들은 상대적으로 짧은 계약 기간 동안 선수를 쉽게 영입하거나 해지할 수 있을 것이며, 이는 시장에 혼란을 초래할 수 있다. 보호 기간을 통해 선수 이적이 신중하게 이루어질 수 있도록 하여, 전체 시장의 안정성을 유지할 수 있다.

D. 선수의 보호

보호 기간은 선수의 경력 안정성을 보장하는 데에도 중요하다. 특히 젊은 선수들에게는 특정 기간 동안 한 클럽에서 일관된 지도를 받으며 성장할 수 있는 환경이 필요하다. 보호 기간은 선수들이 지나치게 자주 이적하거나, 불안정한 계약 상황에 처하지 않도록 보호한다.

E. 분쟁 예방

보호 기간은 계약 기간 내에 일어날 수 있는 불필요한 법적 분쟁을 줄이는 데도 기여한다. 보호 기간 동안 계약을 일방적으로 종료하려는 경우, 선수나 클럽은 FIFA 규정에 따른 엄격한 제재를 받을 수 있기 때문에, 이러한 분쟁이 발생할 가능성이 줄어든다.

■ 스포츠 제재

정당한 이유 없이 계약을 해지한 선수에게는 일정 기간 동안 출전 정지(통상적으로 4개월에서 최대 6개월)가 부과될 수 있다. 클럽의 경우, 이 규정을 위반하고 선수를 영입한 클럽에도 제재가 가해질 수 있으며, 여기에는 이적 금지 또는 기타 FIFA가 정한 제재가 포함될 수 있다.

(1) 제3자 이익
선수의 계약 해지에 관련된 제3자(예: 선수를 영입한 새 클럽)도 이 규정에 따라 제재를 받을 수 있다. 이는 새 클럽이 이전 클럽에 지급해야 하는 보상금의 일부를 책임지거나, 규정 위반에 따른 다른 제재를 받을 수 있음을 의미한다.

(2) 특별 상황
FIFA는 특정 상황에서 계약 해지가 정당화될 수 있는 특별한 이유를 인정할 수 있으며, 이러한 경우에는 제17조의 일반적인 보상 및 제재 규정이 적용되지 않을 수 있다. 예를 들어, 클럽이 선수의 급여를 지속적으로 지급하지 않거나, 부당한 대우를 할 경우, 이는 선수가 계약을 해지할 수 있는 정당한 이유가 될 수 있다.

4. FIFA와 USSF, 헤딩 규칙의 도입

Mehr v. FIFA, U.S. Soccer Federation, et al.(2014) 사건은 국제 축구 연맹(FIFA)이 뇌진탕과 관련된 위험에 대해 충분한 보호 조치를 취하지 않았다고 피소당하여 축구에 대해 헤딩 규칙을 만들게 되었던 유명한 사건이다.

이 사건은 미국 청소년 축구 선수들의 부모가 FIFA, 미국 축구 연맹

(USSF), 그리고 미국 청소년 축구 협회(US Youth Soccer Association)를 상대로 제기한 집단 소송으로 시작되었다.

이 사건은 청소년 축구에서의 뇌진탕과 같은 머리 부상에 대한 충분한 보호 조치가 마련되지 않았다는 우려에서 비롯되었는데 원고인 부모들은 축구 경기 중 발생할 수 있는 뇌진탕의 위험성을 강조하며, 이러한 위험을 줄이기 위해 FIFA와 미국 축구 연맹 등이 더 엄격한 규정을 도입할 필요가 있다고 주장했다.

소송의 핵심 주장은 FIFA와 미국 축구 당국이 뇌진탕과 같은 머리 부상에 대한 적절한 예방 조치를 시행하지 못했다는 것이었다. 첫째, 뇌진탕 프로토콜 부족이다. 원고 측은 FIFA와 USSF가 뇌진탕 발생 시 선수 보호를 위한 명확한 프로토콜을 마련하지 않았다고 주장했다. 이들은 특히 청소년 선수들이 뇌진탕을 겪었을 때 적절한 조치를 받을 수 없으며, 이는 선수들의 건강에 장기적으로 악영향을 미칠 수 있다고 지적했다. 둘째, 헤딩(Heading) 규칙의 부재이다. 청소년 축구에서의 헤딩은 특히 논란이 되었는데, 어린 선수들이 공을 머리로 맞히는 행위가 뇌진탕의 주요 원인으로 지목되었다. 원고 측은 청소년 리그에서 헤딩을 제한하거나 금지할 것을 요구했다. 셋째, 부상 관리 시스템 개선이다. 뇌진탕 발생 후에도 경기에 복귀하는 선수들이 많다는 점이 문제로 지적되었다. 원고들은 이와 관련해 선수 보호를 위한 더 엄격한 관리 시스템 도입을 촉구했다.

2015년 11월, 이 사건은 법원에서 판결을 내리기 전에 당사자들 간의 합의로 마무리되었다. 합의 내용에 따르면 미국 축구 연맹(USSF)은 10세 이하 선수들에게 경기 중 헤딩을 금지하고, 11세에서 13세 사이의 선수들에게는 헤딩을 제한하기로 했다. 이는 뇌진탕 위험을 줄이기 위한 조치로, 청소년 축구에서 중요한 변화를 가져왔다.

먼저 미국 축구연맹(USSF)은 뇌진탕과 머리 부상에 대한 관리와 예방을 강화하기 위한 새로운 지침을 발표했다. 여기에는 뇌진탕 발생 시 경기에서 즉시 제외하고, 선수들이 충분한 회복 시간을 갖도록 하는 조치가 포함되었다. 또한 USSF는 코치, 심판, 선수 및 부모들을 대상으로 뇌진탕과 관련된 교육 프로그램을 개발하고 시행하기로 했다. 이는 모든 관계자가 뇌진탕의 위험성과 적절한 대응 방법에 대해 잘 이해할 수 있도록 하기 위함이다.

Mehr v. FIFA, U. S. Soccer Federation, et al. 사건은 청소년 축구에서 뇌진탕 및 머리 부상에 대한 인식을 크게 높인 중요한 사례이다. 이 소송은 뇌진탕 관리와 예방에 대한 규정이 강화되는 계기가 되었으며, 미국 청소년 축구에서 선수들의 안전을 보호하기 위한 정책이 개선되는 결과를 가져왔다. 이 사건은 또한 스포츠에서 선수 보호와 관련된 법적 책임에 대한 논의에 중요한 영향을 미쳤다.

FIFA 조직과 규정

■ FIFA 조직

FIFA는 스위스 취리히에 본부를 두고 있으며, 전 세계 축구를 관리하고 운영하는 국제 축구 연맹으로, 그 조직 구조와 의사결정, 분쟁 해결 절차는 매우 체계적으로 설계되어 있다. 다음은 FIFA의 조직 구조, 주요 의사결정 기구, 그리고 분쟁 해결 기관에 대한 설명이다.

1. FIFA의 조직 구조
FIFA의 조직은 여러 주요 부서와 위원회로 구성되어 있으며, 전 세계 축구와 관련된 다양한 업무를 관리한다. FIFA의 주요 구성 요소는 다음과 같다.

(1) FIFA 의회(FIFA Congress)
FIFA의 최고 의사결정 기구로, 모든 FIFA 회원국들이 참여하는 회의이다. FIFA 의회는 중요한 정책 결정, FIFA 정관의 개정, FIFA 회장 선출 등을 담당하고 매년 1회 이상 개최한다.

(2) FIFA 평의회(FIFA Council)
FIFA 의회에서 선출된 37명의 구성원으로 이루어진 이사회이다. FIFA 평의회는 FIFA의 전략적 방향을 설정하고, 의회에서 위임받은 정책과 규정을 실행하는 역할을 한다. FIFA 회장이 이 평의회의 의장을 맡는다.

(3) FIFA 집행위원회(Executive Committee)
과거에 FIFA의 주요 정책을 집행하는 기구였으나, 2016년 FIFA 개혁 이후 평의회로 대체되었다. 이제는 FIFA 평의회가 집행위원회의 역할을 수행한다.

(4) FIFA 사무국(General Secretariat)
FIFA의 일상 운영을 담당하는 행정 기구로, FIFA 사무총장이 이끄는 조직이다. 사무국은 다양한 부서로 나누어져 있으며, FIFA의 운영, 재무, 대회 관리, 개발 프로그램 등을 수행한다. 2024년 7월 최신 FIFA 남자 축구 국가대표 팀 랭킹에 따르면 미국은 미국 남자 축구 국가대표 팀(USMNT)은 세계 16위에 랭크되어 있다. 이 순위는 국제 경기에서의 꾸준한 성과, 특히 CONCACAF 골드컵과 같은 지역 대회에서의 성과를 반영한다. 한국은 현재 세계 27위에 랭크되어 있다. 아시아 축구 연맹(AFC)에서 경쟁력이 있는 팀으로, FIFA 월드컵과 AFC 아시안컵과 같은 국제 대회에 꾸준히 참가하면서 강한 존재감을 유지하고 있다.

이 순위는 친선 경기, 예선 경기, 대회 경기 등의 결과에 따라 변동될 수 있다. 미국은 CONCACAF에서, 한국은 아시아에서 각각 중요한 역할을 하는 팀으로 평가받고 있다.[4]

(5) FIFA 위원회(Committees)
FIFA는 다양한 전문 위원회를 통해 축구와 관련된 특정 분야를 관리한다. 주요 위원회에는 윤리위원회, 규율위원회, 청렴위원회, 의료위원회 등이 있다. 이들 위원회는 각각의 분야에서 FIFA의 정책을 개발하고 시행한다.

---

[4] https://inside.fifa.com/fifa-world-ranking/men,
https://oddspedia.com/us/soccer/fifa-rankings,
https://en.wikipedia.org/wiki/FIFA_Men%27s_World_Ranking

2. FIFA의 주요 의사결정 기구

(1) FIFA 의회(Congress)
FIFA의 최고 의사결정 기구로서, 회원국들이 참여하여 FIFA의 중요한 결정 사항을 논의하고 승인한다. 의회는 FIFA 정관의 개정, 회장 선출, 재정 보고서 승인 등을 담당한다.

(2) FIFA 평의회(Council)
FIFA 평의회는 FIFA의 전략적 방향을 설정하고, FIFA의 운영을 감독한다. 평의회는 FIFA 의회에서 위임받은 권한을 바탕으로 FIFA의 주요 정책을 결정한다.

(3) FIFA 사무국(General Secretariat)
FIFA 사무국은 FIFA의 일상적인 운영을 책임지고 있으며, 사무총장은 평의회에 보고한다. 사무국은 FIFA의 정책과 프로그램을 실행하고, FIFA의 전반적인 행정 업무를 처리한다.

3. FIFA의 분쟁 해결 기관
FIFA는 축구와 관련된 분쟁을 해결하기 위해 여러 기관을 운영하고 있다. 주요 분쟁 해결 기관은 다음과 같다.

(1) FIFA 분쟁 해결실(Dispute Resolution Chamber, DRC)
선수와 클럽 간, 클럽 간의 계약과 이적과 관련된 분쟁을 해결하는 주요 기관으로 DRC는 선수의 계약 해지, 이적료 분쟁, 중재 요청 등을 다룬다. 이 기관은 중재 위원들로 구성되며, 독립적인 결정을 내린다.

(2) FIFA 플레이어스 스테이터스 위원회(Players' Status Committee, PSC)

이 위원회는 선수의 계약 상태, 이적 문제, 그리고 FIFA 규정 준수와 관련된 문제를 처리한다. PSC는 DRC와 함께 작동하며, 특정 케이스에서 법적 권고를 제공하거나 결정을 내린다.

(3) FIFA 항소 위원회(Appeal Committee)

FIFA의 규율 위원회나 DRC의 결정에 불복할 경우, 이 기관에 항소할 수 있다. 항소 위원회는 기존 결정에 대한 재검토를 통해 최종 결정을 내린다.

(4) FIFA 윤리 위원회(Ethics Committee)

FIFA 내에서 발생하는 윤리적 문제와 관련된 분쟁을 해결하는 기구이다. 윤리 위원회는 FIFA의 임직원, 선수, 심판, 대리인 등의 윤리 규범 준수 여부를 감독하고, 규범 위반 시 제재를 부과할 수 있다.

(5) 스포츠 중재 재판소(Court of Arbitration for Sport, CAS)

FIFA의 결정에 불복하거나, 국제적인 분쟁이 발생한 경우, CAS에 최종 항소할 수 있다. CAS는 스위스 로잔에 본부를 두고 있으며, 국제 스포츠와 관련된 다양한 분쟁을 해결하는 역할을 한다.

■ FIFA 규정

FIFA 규정은 국제 축구 연맹(FIFA)이 축구와 관련된 모든 활동을 조직하고 관리하기 위해 마련한 일련의 규정과 지침으로 구성된다. 이 규정은 전 세계 축구 리그, 클럽, 선수, 심판, 이적, 대회 운영 등 축구와 관련된 다양한 측면을 포괄한다. FIFA 규정은 주로 다음과 같은 주요 문서들로 구성되어 있다.

1. FIFA 정관(FIFA Statutes)

FIFA의 기본적인 규칙과 운영 원칙을 규정하는 문서이다. 여기에는 FIFA의 조직 구조, 회원국의 권리와 의무, FIFA 대회의 규칙, 집행위원회 및 다양한 위원회의 역할 등이 포함된다.

2. FIFA 경기 규칙(Laws of the Game)

축구 경기 자체를 규율하는 규칙으로, 경기의 형식, 경기장 규격, 경기 시간, 경기 규칙, 선수의 장비, 심판의 역할, 반칙과 처벌, 그리고 득점 규정 등을 다룬다. 이 규칙은 국제축구평의회(IFAB)에서 관할하며, FIFA는 이를 승인 및 시행한다.

3. FIFA 이적 규정(Regulations on the Status and Transfer of Players)

선수의 계약 상태, 이적 절차, 이적료, 청소년 선수 보호, 대리인 규정, 국제 이적 증명서(ITC) 등의 내용을 규정한다. 이 문서에는 또한 선수 계약의 해지, 보호 기간, 자유계약선수, 임대 규정 등이 포함된다.

4. FIFA 징계 규정(FIFA Disciplinary Code)

경기장 내외에서 발생하는 규정 위반 행위에 대한 징계 절차를 규정하는 문서이다. 이 문서에는 반칙, 폭력 행위, 부정행위, 도핑, 규정 위반에 대한 처벌과 관련된 조항이 포함되어 있다.

5. FIFA 윤리 규정(FIFA Code of Ethics)

FIFA와 축구 관련 인사들의 윤리적 행동을 규정하는 문서로, 뇌물, 부패, 이해 충돌, 차별, 부정행위 등에 대한 규정을 포함한다. 이 규정은 축구계의 청렴성을 유지하기 위한 지침을 제공한다.

6. FIFA 대회 규정(Competition Regulations)

FIFA가 주관하는 각종 대회(월드컵, 클럽 월드컵 등)에 대한 운영 규칙을 규정한다. 참가 자격, 경기 형식, 조별 리그 및 토너먼트 구조, 경기장 요건, 심판 배정, 항의 절차 등이 포함된다.

7. FIFA 도핑 방지 규정(FIFA Anti-Doping Regulations)

도핑 방지를 위한 규정으로, 선수의 도핑 검사 절차, 금지 약물 목록, 도핑 위반에 대한 제재 등을 규정한다. 이 문서는 국제 올림픽 위원회(IOC)와 세계 반도핑 기구(WADA)의 지침을 따른다.

8. FIFA 라이선싱 및 클럽 라이선싱 규정(Club Licensing Regulations)

클럽이 특정 리그나 대회에 참가하기 위해 갖추어야 할 기준을 규정하는 문서이다. 재정적 안정성, 인프라 요건, 행정적 요건, 청소년 시스템,

코치 자격 등이 포함된다.

9. FIFA 여성 축구 규정(FIFA Women's Football Regulations)
여성 축구에 관한 규정으로, 여성 선수, 코치, 리그 및 대회와 관련된 규칙을 다룬다. 여기에는 여성 월드컵 등 여성 대회에 관한 내용도 포함된다.

10. FIFA 대리인 규정(Regulations on Working with Intermediaries)
축구 선수 및 클럽과 계약을 맺는 에이전트와 관련된 규정을 다룬다. 대리인의 역할, 보상, 자격 요건, 그리고 FIFA의 중개인 라이선싱 시스템 등이 포함된다.

11. FIFA 클럽 보호 프로그램(FIFA Club Protection Programme)
국제 대회에 차출된 선수가 부상당할 경우, 클럽에 대한 보상을 규정하는 프로그램이다. 이 문서는 클럽이 경제적 손실을 입지 않도록 보상 절차를 명시하고 있다.

■ FIFA의 재정 구조와 분담금

1. 회원국 분담금
각 FIFA 회원국은 FIFA에 연간 분담금을 납부해야 한다. 이 분담금은 FIFA의 운영, 개발 프로그램, 대회 조직 등을 지원하는 데 사용된다. 분담금의 규모는 회원국의 경제적 상황이나 축구 발전 정도에 따라 다를 수 있다. 그러나 FIFA는 일반적으로 분담금을 투명하게 공개하지 않기 때문에, 구체적인 금액은 공개적으로 알려져 있지 않다.

2. 재정 지원 프로그램

FIFA는 또한 회원국들에게 재정 지원 프로그램을 운영하고 있다. 특히, 축구가 덜 발달한 국가나 경제적 어려움을 겪고 있는 국가들에게는 FIFA가 특별한 지원금을 제공해 축구 인프라를 구축하거나, 선수 및 코치 교육 프로그램을 시행할 수 있도록 돕는다. 이 자금은 FIFA가 주관하는 월드컵과 같은 대형 이벤트에서 발생하는 수익을 통해 조성된다.

3. 수익 분배

FIFA는 월드컵과 같은 주요 대회를 통해 상당한 수익을 창출한다. 이 수익은 운영비를 충당하는 것뿐만 아니라, 전 세계 축구 발전을 위해 사용된다. FIFA는 회원국들에게 이익을 재분배하거나 개발 프로젝트를 통해 축구의 전반적인 발전을 도모한다.

4. FIFA의 재정 관리

FIFA는 국제 축구의 투명성과 공정성을 유지하기 위해 재정 관리를 엄격히 하고 있으며, 이에 대한 감사와 감독도 이루어진다. 분담금 및 기타 재정적 자원은 FIFA의 활동과 운영을 지원하는 중요한 요소로서, 축구의 글로벌 발전을 위한 다양한 프로젝트에 활용된다. 따라서, 전 세계 FIFA 회원국들이 납부하는 분담금은 FIFA가 국제 축구를 운영하고 발전시키는 데 중요한 역할을 한다.

5. 스포츠 경기 중 서로를 존중할 의무

　Nabozny v. Barnhill(1975)은 스포츠법에서 중요한 판례 중 하나로, 고등학교 축구 경기 중 발생한 부상과 관련된 사건이다. 골키퍼인 Nabozny가 공을 잡고 있던 중 상대 팀의 선수인 Barnhill이 그에게 무리하게 태클을 가해 중상을 입혔다. Nabozny는 Barnhill과 그의 학교를 상대로 소송을 제기했고, 이 사건에서 법원은 스포츠 경기 중이라도 고의적이거나 과도하게 부주의한 행동으로 인한 부상에 대해 책임을 물을 수 있다고 판결했다. 이 판결은 스포츠 경기에서 선수들이 타인에게 피해를 줄 경우 법적 책임을 질 수 있음을 명확히 하여, 경기 중 안전의 중요성을 강조한 중요한 판례로 자리 잡았다.

　골키퍼인 Nabozny가 공을 잡고 있던 중 상대 팀의 선수인 Barnhill이 그에게 과도하게 다가가 태클을 가해 중상을 입혔다는 것에 대해 법원은 스포츠 경기에서도 고의적이거나 부주의한 행동으로 인해 발생한 부상에 대해 책임을 물을 수 있다고 판결했다. 스포츠 경기에서 선수가 다른 선수를 존중할 의무는 스포츠 정신(Sportsmanship)의 핵심 원칙 중 하나로, 모든 경기에서 중요한 역할을 한다. 이 의무는 스포츠의 공정성과 윤리성을 유지하고, 선수들 간의 긍정적인 관계를 촉진하기 위해 필수적인 것이다. 이러한 상대방 존중의 의무는 여러 측면에서 강조된다. 먼저 이는 스포츠 정신(Sportsmanship)으로서 스포츠 정신은 정직, 공정, 존중, 그리고 팀워크를 포함하는 원칙들을 포함한다. 이 정신은 경기 중에 상대방 선수, 심판, 코치, 그리고 관중에 대한 존중을 요구되는 것으로 선수들이 서로를 존중함으로써, 경기는 공정하고 즐거운 경험으로 남을 수 있다. 다음으로 스포츠는 규칙과 윤리가 존중되어야 하는데 예를 들어, 축구에서는 상대방 선수를 고의로 다치게 하거나, 불필요하게 거친 플레이를 하는 것이 규칙 위반으로 간주되며, 이는 존중의 의무를 저버리는 행위로 간주된다. 국제 축구 연맹(FIFA)과 같은 스포츠 조직은 페어플레이 정신을 매우 강조한다. 페어플레이는 공정한 경기와 상대방에 대한 존중을 포함하며, 이는 선수들이 서로의 경력과 신체적 안전을 존중할 의무를 강조한다. 존중의 의무는 상대방 선수가 실수를 했을 때 그것을 악용하지 않고, 상대가 다쳤을 때 경기를 중단하는 등의 행동을 포함한다. 이는 경기를 더욱 인도적으로 만들며, 모든 참가자가 안전하고 긍정적인 환경에서 경쟁할 수 있도록 보장한다. 선수가 상대방을 존중하지 않을 경우, 스포츠 조직은 다양한 제재를 가할 수 있다. 이러한 제재에는 경고, 벌금, 출장 정지 등이 포함될 수 있으며, 이는 경기의 공정성을 유지하기 위한 중요한 수단이다. 이와 같이, 선수 간의 존중은 스포츠의 본질적인 요소로서, 경기의 공정성과 윤리성을 유지하는 데 필수적이다.

미국 축구 리그

1. 남자 프로페셔널 리그

(1) Major League Soccer(MLS)
MLS는 미국과 캐나다를 포함하는 북미 지역의 최고 수준의 프로 축구 리그이다.

1996년에 시작된 이 리그는 현재 30개 팀으로 구성되어 있으며, 동부와 서부로 나뉘어 정규 시즌과 플레이오프를 통해 챔피언을 가린다.

(2) USL Championship
USL Championship은 미국에서 MLS 다음으로 높은 수준의 리그. 이 리그는 2011년에 시작되었으며, 현재 30여 개의 팀이 참여하고 있다. 많은 팀들이 MLS와 협력 관계를 맺고 있다.

(3) USL League One
USL League One은 USL Championship의 하위 리그로, 미국 축구 피라미드에서 세 번째로 높은 수준의 리그. 2019년에 출범했으며, 더 작은 시장을 대상으로 하고 있다.

(4) National Independent Soccer Association(NISA)
NISA는 2019년에 설립된 미국 축구 리그로, 독립적인 클럽들이 참여하는 프로 리그. 이 리그는 축구의 전통적인 승강제 시스템을 목표로 하고 있다.

(5) MLS Next Pro
MLS Next Pro는 2022년에 시작된 리그로, MLS의 2군 팀과 개발 팀들이 참가하는 리그. 이 리그는 젊은 선수들에게 더 많은 경기 경험을 제공하는 것을 목표로 하고 있다.

2. 여자 프로페셔널 리그

National Women's Soccer League(NWSL)
NWSL은 미국과 세계에서 가장 높은 수준의 여자 축구 리그 중 하나. 2013년에 설립된 이 리그는 현재 12개 팀으로 구성되어 있으며, 미국 여자 축구 대표 팀의 주요 선수들이 많이 소속되어 있다.

3. 세미프로 및 아마추어 리그

(1) USL League Two
USL League Two는 아마추어 선수들이 주로 참가하는 리그로, 대학 축구 선수들에게 여름 동안 경기 경험을 쌓을 수 있는 기회를 제공. 미국 축구 피라미드에서 네 번째 수준에 위치하고 있다.

(2) National Premier Soccer League(NPSL)
NPSL은 미국에서 가장 큰 아마추어 축구 리그 중 하나로, 90여 개 팀이 참가한다. 이 리그는 대부분의 팀이 세미프로로 운영되며, USL League Two와 비슷한 수준이다.

(3) United Premier Soccer League(UPSL)
UPSL은 아마추어 및 세미프로 팀들을 위한 리그로, 300개 이상의 팀이 참가하는 전국 규모의 리그이다. 이 리그는 지역 및 전국 대회를 통해 챔피언을 결정한다.

4. 청소년 리그 및 아카데미 리그

(1) MLS Next
MLS Next는 MLS가 주도하는 청소년 축구 리그로, 미국과 캐나다의 엘리트 청소년 선수들을 위한 리그이다. 이 리그는 U13부터 U19까지 다양한 연령대의 팀들이 참가한다.

(2) Elite Clubs National League(ECNL)
ECNL은 미국에서 가장 높은 수준의 청소년 축구 리그 중 하나로, 남자와 여자 청소년 팀들이 참여한다. 이 리그는 엘리트 선수 개발을 목표로 하고 있다.

5. 대학 리그

NCAA Division I Men's and Women's Soccer
NCAA Division I은 미국 대학 축구에서 가장 높은 수준의 리그이다. 많은 대학 팀들이 참여하며, 매년 NCAA 토너먼트를 통해 전국 챔피언을 가린다.

제2절 미국 축구와 법

1. 셔먼 반독점법(Sherman Antitrust Act)

　Fraser v. Major League Soccer(2002) 사건에서, MLS(메이저 리그 사커)의 단일 법인 구조(Single Entity Structure)가 셔먼 반독점법을 위반하는지에 대한 논란이 있었다.

　메이저 리그 사커(MLS)는 1996년에 설립된 미국의 프로 축구 리그로 MLS는 설립 초기부터 리그의 경제적 안정성과 장기적 성공을 보장하기 위해 독특한 '싱글 엔터티 구조(Single-Entity Structure)'를 채택했다. 이 구조에서 리그 자체가 모든 팀의 소유권을 가지고 있으며, 팀은 독립적인 기업이 아니라 리그의 일부로 운영된다. 선수들은 개별 팀과 계약하는 것이 아니라 리그와 직접 계약을 맺는다.

　1997년, 몇몇 MLS 선수들(주로 소송의 주요 원고인 Fraser를 포함하여)은 이 구조가 반독점법(Antitrust Law)을 위반한다고 주장하며 소송을 제기했다. 선수들은 MLS가 리그 내 모든 팀의 소유권을 가지고 있기 때문에 선수들의 시장 가치를 인위적으로 낮추고, 자유 경쟁을 제한한다고 주장했다. 그들은 MLS의 싱글 엔터티 구조가 선수들에게 불공정하게 낮은 임금을 제공하고, 선수들이 팀과 자유롭게 협상할 수 있는 권리를 제한한다고 주장했다.

　이 사건의 핵심 법적 쟁점은 MLS의 운영 구조가 미국의 셔먼 반독점법(Sherman Antitrust Act)을 위반하는지였다. 이 법은 시장 경쟁을 제한하거나 독점적 지위를 남용하는 행위를 금지하는 법률로. 원고 측은 MLS

가 리그의 독점적 위치를 이용해 선수들의 권리를 제한하고, 자유 경쟁을 방해한다고 주장했다.

2002년, 미국 제1 순회항소법원은 MLS의 손을 들어 주었다. 법원은 MLS의 싱글 엔터티 구조가 반독점법을 위반하지 않는다고 판결했다. 법원은 MLS가 하나의 독립적인 경제 단위로 간주될 수 있으며, 따라서 팀 간의 협력은 반독점법을 위반하지 않는다고 판단했다. 이 판결은 MLS가 현재까지도 싱글 엔터티 구조를 유지할 수 있는 법적 근거를 마련해 주었다.

Fraser v. Major League Soccer 사건은 미국 프로 스포츠 리그의 운영과 관련된 중요한 법적 선례로 남아 있다. 이 판결은 MLS가 지속적으로 성장하고 경제적 안정성을 유지하는 데 중요한 역할을 했다. 또한, 이 사건은 미국 스포츠 리그의 구조와 선수 계약에 대한 법적 논쟁에서 중요한 기준이 되었다. MLS는 이 판결 이후에도 리그의 독특한 구조를 유지하며, 미국과 캐나다에서 축구의 인기를 끌어올리는 데 성공했다.

2. 노동 관리 관계법(Labor Management Relations Act, LMRA)

이 법은 노동자와 경영진 간의 관계를 규율하며, 노동조합의 권리와 집단 교섭의 절차를 보호한다.

미국 축구 선수들은 MLS 선수 협회(MLSPA, Major League Soccer Players Association)를 통해 집단 교섭을 진행한다. 이 법은 선수들의 임금, 근로 조건, 자유계약선수 자격 등과 관련된 협상에 중요한 역할을 한다. LMRA는 또한 파업과 같은 노동 쟁의 상황에서도 중요한 역할을 한다.

3. Curt Flood Act of 1998

이 법은 MLB의 반독점 면제를 부분적으로 제한하는 법률이지만, 다른 프로 스포츠 리그에서도 선수 계약과 관련된 반독점 문제에 적용될 수 있다. 이 법은 프로 스포츠 리그에서 선수 계약과 관련된 사항에 대해 반독점법을 적용할 수 있는 근거를 제공한다. 이는 선수들이 계약에서 더 큰 자유를 누릴 수 있도록 도와준다.

4. Fair Labor Standards Act(FLSA)

FLSA는 최저임금, 초과근무 수당, 아동 노동 규제 등을 포함한 미국의 노동법으로 MLS 선수들은 FLSA에 따라 최저임금과 근로 시간에 대한 보호를 받을 수 있다. 다만, 대부분의 MLS 선수들은 FLSA의 최저임금 규정보다 높은 임금을 받고 있다. 이 법은 또한 청소년 선수들이 프로 계약을 맺을 때 적용될 수 있는 보호 장치로 작용한다.

5. Sports Broadcasting Act of 1961

이 법은 미국의 프로 스포츠 리그가 TV 방송권을 집합적으로 판매할 수 있도록 허용하는 법률이다. MLS는 이 법에 따라 방송권을 집단적으로 판매하고, 수익을 팀들 간에 분배할 수 있다. 이는 리그가 방송 수익을 통해 재정적 안정을 유지하고, 팀 간의 경쟁력을 높이는 데 기여한다.

6. Title IX of the Education Amendments of 1972

타이틀 IX는 교육 프로그램이나 활동에서 성차별을 금지하는 연방 법률이다. 타이틀 IX는 미국 대학 축구와 같은 학원 스포츠에서 성평등을 보장하는 중요한 역할을 한다. 이 법은 여자 축구 프로그램에 대해 남자 축구 프로그램과 동일한 자원을 제공하도록 요구하며, 성별에 따른 차별을 금지했다. 타이틀 IX는 미국 여자 축구의 발전에 크게 기여했다.

7. Immigration and Nationality Act

이 법은 미국으로의 이민과 비자 발급을 규율하는 법이다. 미국 프로 축구 리그에서 외국인 선수를 영입할 때, 이 법에 따른 취업 비자 발급 절차를 거쳐야 한다. 특히, MLS 팀들이 해외에서 뛰어난 선수를 영입할 때, 이민법이 중요한 역할을 한다. 적법한 비자와 취업 허가 없이 선수로서 활동할 수 없다.

8. 그 밖의 안전 규정들

그 밖에 선수 안전과 관련된 법률과 규정은 프로 축구에서 중요한 역할을 한다. MLS와 미국 축구 연맹은 선수들의 건강과 안전을 보호하기 위한 규정을 엄격하게 시행한다. 여기에는 경기 중 부상 관리, 뇌진탕 예방, 의료 서비스 제공 등이 포함되는데 Mehr v. FIFA, U.S. Soccer Federation, et al.(2014) 사건 이후 청소년 축구에서 헤딩을 제한하는 규정이 도입된 것도 이와 관련된다.

9. 메이저 리그 사커 규약(Major League Soccer Collective Bargaining Agreement, CBA)

CBA는 MLS와 선수 노조(Major League Soccer Players Association, MLSPA) 간의 협상 결과로 도출된 계약으로, 리그의 주요 규칙과 규정을 정의한다. CBA에는 선수들의 임금, 계약 조건, 샐러리 캡, 자유계약선수 제도, 트레이드 규정, 리그 운영 방침 등을 규율되어 있고 CBA는 리그의 모든 구성원이 따르는 규칙을 정의하며, 이를 통해 리그의 공정성을 유지하고 선수들의 권익을 보호한다.

미국 축구의 문제점

1. 선수 개발 시스템의 문제

미국의 축구 선수 개발 시스템은 종종 비판을 받아 왔다. 특히, 유럽이나 남미 국가들과 비교했을 때 미국의 청소년 축구 아카데미 시스템은 상대적으로 덜 발달해 있다는 평가가 있다. 많은 경우, 미국의 축구는 학교 및 대학 스포츠 프로그램에 의존하는데, 이는 어린 선수들이 고도의 전문적인 훈련을 받을 기회가 적다는 것을 의미할 수 있다. 또한, '페이 투 플레이(Pay-to-Play)' 모델이 일반적이어서 경제적 여건이 좋지 않은 가정의 아이들이 전문적인 훈련을 받기 어렵다는 비판이 있다.

2. 축구 문화의 정착 부족

미국에서 축구는 여전히 다른 스포츠, 특히 미식축구, 농구, 야구에 비해 대중적인 인지도가 낮다. 축구가 미국 내에서 더 많은 인기를 끌기 위해서는 더 깊이 있는 축구 문화가 필요하며, 이는 선수, 팬, 미디어 모두의 인식과 참여가 중요한 요소로 작용한다.

3. 리그 구조와 재정적 한계

MLS(메이저 리그 사커)는 미국 축구의 최상위 리그로 자리 잡았지만, 유럽의 주요 리그들과 비교했을 때 상업적인 성공과 선수의 이적 시장에서의 경쟁력 면에서 여전히 뒤처져 있다. 연봉 상한제(Salary Cap)와 같은 규제는 리그의 재정적 안정성을 보장하는 동시에, 세계적인 스타 선수들을 유치하는 데는 한계를 가져올 수 있다.

4. 국제 대회에서의 성과 부족

미국 남자 축구 국가대표 팀은 월드컵과 같은 주요 국제 대회에서 꾸준한 성과를 내지 못하고 있다. 이는 국제 무대에서 경쟁력 있는 팀을 꾸리는 데 필요한 수준의 선수들을 개발하는 데 한계가 있음을 나타낸다. 이러한 문제점들은 미국 축구가 더 높은 수준으로 성장하기 위해 해결해야 할 과제들로 지적받고 있다. 그러나 MLS의 발전과 청소년 시스템 개선, 그리고 점차 확대되고 있는 축구 팬층은 미래에 긍정적인 변화를 가져올 수 있는 잠재력을 분명 가지고 있다.

제5장

미식축구

제5장 미식축구

제1절 미식축구와 사건

1. 미식축구의 반독점법 적용 여부, 'American Needle, Inc. v. National Football League(2010)' 사건

American Needle, Inc. v. National Football League(2010) 사건은 미식축구(NFL)와 관련된 독점 및 반독점 문제를 다룬 중요한 판례로, 미국 스포츠 법의 역사에서 중요한 위치를 차지하고 있다.

이 사건은 NFL의 팀들이 머리 보호대, 모자, 의류 등의 NFL 관련 제품을 제작 및 판매하기 위해 독점적으로 Reebok과 계약을 체결한 것에서 비롯되었다. 이전에는 NFL 팀들이 각자 라이선스 계약을 맺어 다양한 회사들이 NFL 관련 상품을 제작하고 판매할 수 있었다. 그러나 2000년, NFL은 팀들이 개별적으로 계약을 체결하는 것을 중단하고, 리그 차원에서 Reebok과 독점 계약을 체결했다.

American Needle, Inc.는 NFL 팀들과 오랜 시간 동안 라이선스 계약을 맺고 NFL 관련 제품을 제작해 오던 회사로, 이 독점 계약으로 인해 더 이상 NFL 관련 제품을 제작할 수 없게 되자, NFL을 상대로 반독점법 위반 소송을 제기했다.

이 사건의 핵심 법적 쟁점은 NFL과 각 팀들이 독립적인 경제 주체인지, 아니면 하나의 단일 경제 주체로 간주될 수 있는지였다. 만약 NFL이 하나의 단일 경제 주체로 간주된다면, 그들의 독점 계약은 반독점법 위반이 되지 않을 수 있었다. 그러나 NFL 팀들이 개별적인 경제 주체로 간주된다면, 그들의 집단적 행위는 반독점법에 의해 제한될 수 있었다.

2010년, 미국 대법원은 만장일치로 American Needle의 손을 들어 주었다. 대법원은 NFL 팀들이 개별적으로 독립된 경제 주체로 활동하고 있으며, 이들이 리그 차원에서 집단적으로 행위하는 것은 반독점법의 적용을 받을 수 있다고 판결했다. 즉, NFL 팀들이 단일 주체로 행동하여 Reebok과 독점 계약을 체결한 것은 반독점법에 위배될 수 있다고 본 것이다.

American Needle, Inc. v. National Football League 사건은 스포츠 리그가 반독점법의 적용을 받는 방식에 대한 중요한 판례로 남아 있다. 이 판결은 NFL뿐만 아니라 다른 주요 스포츠 리그(NBA, MLB, NHL 등)에도 영향을 미쳤다. 스포츠 리그들이 상업적 활동을 조직하고 운영하는 방식에 있어 보다 신중하게 접근해야 한다는 메시지를 주었으며, 스포츠 리그와 관련된 반독점법 문제에 대해 법원이 어떻게 접근할 것인지에 대한 중요한 기준을 설정했다. 이 판결은 미국 스포츠법에서 리그와 팀 간의 관계와 관련된 법적 경계선을 명확히 하고, 리그가 독점적 권한을 행사할 수 있는 범위에 대해 중요한 논의를 불러일으켰다.

미식축구 리그

1. 프로페셔널 리그

(1) National Football League(NFL)
NFL은 미국에서 가장 높은 수준의 프로 미식축구 리그로, 전 세계에서 가장 인기 있는 스포츠 리그 중 하나이다. 32개 팀이 AFC(American Football Conference)와 NFC(National Football Conference)로 나뉘어 정규 시즌을 치르며, 시즌이 끝난 후에는 플레이오프를 통해 슈퍼볼(Super Bowl) 챔피언을 가린다.

(2) XFL

XFL은 2001년과 2020년에 출범한 미국의 프로 미식축구 리그로, NFL 오프 시즌 동안 경기를 진행하여 팬들에게 더 많은 미식축구 콘텐츠를 제공한다. XFL은 NFL과는 다른 규칙과 운영 방식을 채택하여 차별화하고 있으며, 새로운 시즌은 2023년에 시작되었다.

(3) USFL(United States Football League)

USFL은 1980년대에 처음 시작되었으나, 2022년에 리그가 재출범되었다. USFL은 봄에 경기를 진행하며, NFL 시즌이 끝난 후 팬들에게 미식축구를 계속 즐길 수 있는 기회를 제공한다. 리그는 8개의 팀으로 구성되어 있다.

2. 세미프로 및 독립 리그

(1) Indoor Football League(IFL)

IFL은 실내에서 진행되는 세미프로 미식축구 리그로, 전통적인 아웃도어 미식축구보다 작은 경기장에서 경기가 치러진다. IFL은 2009년에 설립되었으며, 스피드와 높은 득점 경기를 특징으로 한다.

(2) National Arena League(NAL)
NAL은 실내 미식축구 리그로, 2017년에 설립되었다. NAL은 IFL과 유사하게 빠른 템포의 경기를 제공하며, 팬들에게 색다른 미식축구 경험을 선사한다.

(3) American Arena League(AAL)
AAL은 실내 미식축구 리그로, 2018년에 설립되었다. AAL은 중소도시를 중심으로 한 리그로, 다양한 팀이 참여하며 실내 미식축구의 인기를 높이고 있다.

3. 대학 리그

(1) NCAA Division I Football Bowl Subdivision(FBS)
FBS는 미국 대학 미식축구에서 가장 높은 수준의 리그. 알라바마, 오하이오 스테이트, 클렘슨과 같은 명문 프로그램들이 속해 있으며, 시즌이 끝난 후에는 주요 볼 게임과 내셔널 챔피언십을 통해 전국 챔피언을 결정한다.

(2) NCAA Division I Football Championship Subdivision(FCS)
FCS는 FBS보다 한 단계 낮은 수준의 대학 미식축구 리그이다. 이 리그는 플레이오프 시스템을 통해 전국 챔피언을 결정하며, 대표적인 팀으로는 노스다코타 주립대 등이 있다.

(3) NCAA Division II & III Football
NCAA 디비전 II와 III는 더욱 소규모 대학들이 참가하는 리그로, 디비전 II는 소규모 장학금을 제공하며, 디비전 III는 상학금을 제공하지 않는다. 이들 리그는 NCAA 플레이오프를 통해 챔피언을 가린다.

4. 아마추어 및 청소년 리그

(1) National Junior College Athletic Association(NJCAA) Football
NJCAA는 주니어 컬리지 수준에서 미식축구를 제공하는 리그로, 2년제 대학들이 참가한다. 많은 선수들이 NJCAA를 거쳐 NCAA로 진출한다.

(2) Pop Warner Little Scholars
Pop Warner는 미국의 대표적인 청소년 미식축구 리그로, 5세에서 16세까지의 어린이들이 참가할 수 있다. Pop Warner는 교육과 운동을 결합하여, 어린이들이 운동을 통해 성장할 수 있는 기회를 제공한다.

(3) USA Football
USA Football은 미국 청소년 미식축구의 발전을 위해 설립된 비영리 조직으로, 다양한 청소년 리그와 프로그램을 지원한다. USA Football은 또한 미식축구 코치와 심판을 교육하는 역할도 담당한다.

5. 여자 미식축구 리그

(1) Women's Football Alliance(WFA)
WFA는 미국에서 가장 큰 여자 미식축구 리그로, 2009년에 설립되었다. 이 리그는 전국적으로 여러 팀이 참가하며, 여성들에게 미식축구를 통해 경쟁할 수 있는 기회를 제공한다.

(2) Legends Football League(LFL)
LFL은 2009년에 설립된 여자 실내 미식축구 리그로, 이전에는 Lingerie Football League로 알려져 있었다. 이 리그는 엔터테인먼트 요소를 강조하며, 여성들이 실내 경기장에서 경기를 펼친다.

2. NFL Concussion Settlement(2013)

NFL Concussion Settlement은 미국 내에서 중요한 법적 사건으로, 미식축구 선수들이 겪는 뇌진탕과 관련된 건강 문제를 다루고 있다. NFL Concussion Settlement의 시작은 여러 전직 NFL 선수들이 반복적인 뇌진탕으로 인해 심각한 건강 문제를 겪으면서 촉발되었다. 이 문제는 특히 만성 외상성 뇌병증(CTE)이라는 신경퇴행성 질환과 관련이 깊다. CTE는 반복적인 뇌진탕과 머리 충격으로 인해 발생하는 질환으로, 기억상실, 성격 변화, 우울증, 충동 조절 장애, 그리고 심한 경우 자살에 이를 수 있는 증상을 일으킨다.

2000년대 중반부터 전직 NFL 선수들 사이에서 뇌진탕 후유증으로 인한 건강 문제들이 표면화되기 시작했다. 특히 몇몇 유명 선수들이 은퇴 후 자살하거나, 심각한 정신 건강 문제를 겪으면서 이 문제가 더욱 주목받게 되었다.

2002년, 선식 NFL 선수 마이크 웹스터(Mike Webster)의 사망 이후, 그에게 CTE가 발견되었고, 이는 연구자들 사이에서 NFL 선수들이 반복적인 머리 충격에 노출됨으로써 장기적으로 큰 위험에 처할 수 있다는 경각심을 불러일으켰다. 이 사건은 나중에 CTE 연구의 선구자가 된 닥터 베넷 오말루(Dr. Bennet Omalu)에 의해 밝혀졌다.

2011년, 수백 명의 전직 NFL 선수들이 리그를 상대로 집단 소송을 제기했다. 이들은 NFL이 수십 년 동안 뇌진탕의 위험성을 알고 있었으면서도 이를 은폐하거나 경시했고, 선수 보호를 소홀히 했다고 주장했다.

선수들은 NFL이 뇌진탕과 그로 인한 장기적인 건강 문제의 위험에 대해 충분한 정보를 제공하지 않았고, 부상 후에도 선수들이 계속 경기에 나서도록 유도했다고 주장했다. 이러한 주장들은 이후 소송이 확대되면서 수천 명의 전직 선수들이 참여하게 되었다.

마이크 웹스터는 피츠버그 스틸러스의 전설적인 센터로, 그의 사망 후 CTE 진단이 이루어졌으며, 이는 이후 많은 전직 NFL 선수들에게서 동일한 질환이 발견되는 계기가 되었다.

닥터 베넷 오말루는 마이크 웹스터의 뇌를 부검하여 CTE를 처음 발견한 법의학 신경병리학자로 그의 연구는 NFL과 뇌진탕 문제에 대한 논의의 출발점이 되었고, 이후 2015년 영화 〈컨커션(Concussion)〉으로 이 문제가 대중에게 더 널리 알려졌다. 이러한 소송은 2013년에 NFL과 전직 선수들 간의 초기 합의로 이어졌고, 2015년에 최종 합의가 이루어지게 하였다. NFL은 10억 달러 이상의 보상금을 지급하고, 뇌진탕 관련 질환의 조기 진단과 치료를 위한 의료 프로그램을 제공하며, 추가 연구를 지원하기로 합의했다.

NFL은 뇌진탕과 관련된 건강 문제로 고통받는 전직 선수들에게 총 10억 달러 이상의 보상금을 지급하기로 합의했는데 이 보상금은 CTE, 알츠하이머, 파킨슨병, 근위축성 측삭 경화증(ALS) 등 다양한 신경퇴행성 질환을 앓고 있는 선수들에게 지급되기로 하였다. 합의에 따라, 전직 NFL 선수들은 정기적인 의료 검진과 치료를 받을 수 있는 프로그램에 접근할 수 있게 되었다. 이 프로그램은 뇌진탕 관련 질환의 조기 진단과 치료를 목표로 한다. NFL은 뇌진탕 및 관련 뇌 질환에 대한 연구를 지원하기 위해 자금을 제공하기로 합의했다. 이는 뇌진탕의 장기적인 영향과 예방 방법에 대한 더 나은 이해를 돕기 위한 것이다. 이 합의는 미국 스포츠 역사상 가장 큰 규모의 집단 소송 중 하나로, NFL과 같은 주요 스포츠 리그가 선수들의 건강과 안전을 어떻게 관리해야 하는지에 대한 중요한 교훈을 남겼다. 또한, 이 사건은 뇌진탕과 관련된 스포츠 의학 연구를 촉진하는 데 큰 역할을 했다.

NFL Concussion Settlement은 다른 스포츠 리그와 기관에도 영향을 미쳐, 선수 안전과 건강 관리에 대한 기준이 엄격해지는 계기가 되었다. 이 사건은 선수들이 은퇴 후에도 건강하게 생활할 수 있도록 하는 데 필요한 조치를 강화하는 중요한 역할을 했다.

스포츠의 내재된 위험과 뇌진탕의 문제

1. 뇌진탕의 원인

(1) 격렬한 신체 접촉
미식축구는 고속으로 진행되는 격렬한 신체 접촉이 빈번한 스포츠이다. 특히 헬멧끼리 부딪히거나, 상대 선수와의 충돌, 바닥에 머리를 부딪치는 상황에서 뇌진탕이 발생할 수 있다.

(2) 반복적인 충격
미식축구 선수들은 경기가 진행되는 동안 여러 차례 머리에 충격을 받을 수 있다. 이러한 반복적인 충격은 뇌에 누적적인 손상을 일으킬 수 있으며, 이는 뇌진탕을 유발하는 주요 원인 중 하나이다.

2. 뇌진탕의 영향

(1) 단기적인 증상
뇌진탕을 경험한 선수들은 두통, 어지러움, 시야 흐림, 혼란, 기억 상실, 구토 등의 증상을 겪을 수 있다. 이러한 증상들은 사고 직후 또는 이후 몇 시간 내에 나타날 수 있다.

(2) 장기적인 건강 문제
반복적인 뇌진탕은 만성 외상성 뇌병증(CTE)과 같은 장기적인 뇌

질환으로 이어질 수 있다. CTE는 행동 변화, 인지 장애, 치매 등의 심각한 증상을 유발할 수 있으며, 이러한 문제는 은퇴 후 수년간에 걸쳐 나타날 수 있다.

3. 뇌진탕 문제의 사회적 주목

(1) 전직 선수들의 사례
전직 NFL 선수들 중 다수가 반복적인 뇌진탕으로 인해 심각한 뇌 질환을 앓고 있으며, 일부는 CTE로 인한 합병증으로 사망했다. 대표적인 사례로는 전 피츠버그 스틸러스 선수 마이크 웹스터가 있다. 그의 사망 후 CTE가 처음으로 스포츠에서의 반복적인 뇌진탕과 관련이 있다고 한다.

(2) 영화 및 다큐멘터리
2015년 영화 〈컨커션(Concussion)〉은 NFL의 뇌진탕 문제를 다루며, 뇌신경외과 의사 베넷 오말루가 최초로 CTE를 발견한 이야기를 중심으로 진행되었다. 이 영화는 대중에게 이 문제의 심각성을 알리는 데 큰 기여를 했다.

4. 법적 대응 및 규제 조치

(1) NFL Concussion Settlement
2013년, NFL은 전·현직 선수들이 제기한 집단 소송에 대해 약 10억 달러의 배상금을 지급하는 것으로 합의했다. 이 합의는 뇌진탕과 관련된 장기적인 건강 문제에 대한 보상을 포함하며, 이는 NFL이 뇌진탕 문제를 심각하게 받아들이게 된 중요한 전환점이 되었다.

(2) 뇌진탕 프로토콜
NFL은 뇌진탕을 예방하고 관리하기 위해 다양한 규제 조치를 도입했다. 이들 규제는 경기 중에 뇌진탕이 의심되는 선수를 즉시 경기에 참여하지 못하도록 하고, 철저한 의료 검사를 거쳐야만 다시 경기에 복귀할 수 있도록 한다.

(3) 규칙 변화
NFL은 헬멧으로 상대를 가격하는 '헬멧 투 헬멧' 접촉을 금지하는 등 경기 규칙을 강화했다. 이러한 변화는 선수들의 머리와 목을 보호하기 위한 조치로, 뇌진탕 발생률을 줄이기 위한 노력의 일환이다.

5. 선수 보호 및 교육

(1) 헬멧 기술 발전
NFL과 헬멧 제조업체들은 충격을 완화하고 뇌진탕 위험을 줄이기 위해 헬멧 기술을 지속적으로 개선하고 있다. 최신 헬멧들은 더 나은 충격 흡수 기능을 제공하며, 선수들의 안전을 높이는 데 기여하고 있다.

(2) 교육 프로그램

NFL과 NCAA를 포함한 여러 미식축구 조직은 선수, 코치, 그리고 의료진을 대상으로 뇌진탕에 대한 교육 프로그램을 운영하고 있다. 이 프로그램은 뇌진탕의 증상, 예방 방법, 그리고 적절한 대응 절차에 대해 교육한다.

6. 기술 발전의 필요

(1) 지속적인 연구와 혁신

뇌진탕 문제를 완전히 해결하기 위해서는 지속적인 연구와 혁신이 필요한데 특히, 뇌진탕의 장기적인 영향에 대한 연구가 계속되어야 하며, 새로운 기술과 장비를 통해 선수들의 안전을 더욱 강화해야 한다.

(2) 리그의 책임과 윤리적 고려

NFL과 같은 리그는 선수 보호에 대한 책임을 지속적으로 져야 하며, 뇌진탕 문제를 관리하는 데 있어 투명성과 윤리적 책임을 다해야 할 것이다.

3. 로지드 룰 폐지와 자유계약선수 제도 Mackey v. NFL(1976)

Mackey v. NFL(1976) 사건은 NFL 선수들이 리그를 상대로 제기한 중요한 반독점법 소송으로, 미국 스포츠법에서 중요한 판례로 남아 있다.

이 사건은 NFL의 '로지드 룰(Rozelle Rule)'이라는 규정이 반독점법을 위반하는지를 다루었다.

존 맥키(John Mackey)는 1963년부터 1972년까지 볼티모어 콜츠(Baltimore Colts)에서 뛰었던 프로 미식축구 선수로, NFL에서 가장 뛰어난 타이트 엔드 중 한 명으로 평가받았다. 타이트 엔드(Tight End)는 미식축구에서 중요한 공격 포지션 중 하나이다. 타이트 엔드는 공격 라인의 끝부분에 위치하며, 일반적으로 두 가지 주요 역할을 수행한다. 패스 수신과 블로킹이다. 이 포지션은 다재다능함이 요구되며, 게임 상황에 따라 다양한 역할을 수행해야 한다. 먼저 패스 수신(Receiving)인데 종종 쿼터백으로부터 패스를 받아 공격을 전개하는 역할을 한다. 그들은 넓은 수신 범위를 가지고 있으며, 종종 짧고 중간 거리의 패스를 받아야 한다. 타이트 엔드는 키와 체격이 좋아, 종종 라인배커나 디펜시브 백과 같은 수비 선수들보다 크고 강력하여, 중요한 순간에 패스를 잡아 내는 능력을 가지고 있다. 또한 타이트 엔드는 러닝 게임에서 중요한 블로커로 활용된다. 그들은 공격 라인에서 수비 선수들을 막아 러닝백이 달릴 수 있는 길을 만들어 준다. 패스 플레이 시 쿼터백을 보호하기 위해 블로킹 역할을 수행하기도 하기 때문에 타이트 엔드는 공격 라인맨처럼 강인하면서도 민첩해야 한다. 타이트 엔드는 일반적으로 공격 라인의 끝에 위치하며, 오른쪽 또는 왼쪽에 배치될 수 있고 이들은 가드와 태클 옆에 위치하여, 수비와 맞대결하거나, 짧은 거리의 패스를 받기 위해 이동한다. 타이트 엔드는 보통 크고 강력한 체격을 가지고 있으며, 키가 크고 체중이 많이 나가는 선수들이며 라인맨만큼 강력한 힘을 가지고 있어야 하며, 동시에 수신 능력도 갖추고 있어야 하고 미식축구에서 매우 다재다능한 포지션으로 평가받고 있다. 그들은 패스를 받고, 블로킹을 하고, 때로는 디코이(위장) 역할을 하기도 하여 높은 축구 지능과 경기 이해력을 필요로 한다. 그는 1970년대 초반 NFL 선수 협회(NFL Players Association, NFLPA)의 회장으로 활동하며, 선수들의 권익을 보호하는 데 앞장섰다. NFL의 '로지드 룰'은 당시 NFL 커미셔너였던 피트 로지(Pete Rozelle)의 이름을 따서 불린 규정으로, 이 규정에 따르면 팀에서 계약이 만료된 선수가 다른 팀으로 이적할 때, 새로운 팀은 이전 팀에 상당한 보상(주로 드래프트 픽)을 제공해야 했다. 이 규정은 사실상 선수들의 자유로운 이적을 제한하는 효과를 가져왔다.

존 맥키와 다른 NFL 선수들은 로지드 룰이 반독점법, 특히 셔먼 반독점법(Sherman Antitrust Act)을 위반한다고 주장하며 소송을 제기했다. 이들은 로지드 룰이 선수들의 자유로운 이적을 제한하여, 인위적으로 선수의 시장 가치를 낮추고, 공정한 경쟁을 방해한다고 주장했다.

1976년, 미국 제8 순회항소법원은 맥키와 선수들의 손을 들어 주었다. 법원은 로지드 룰이 반독점법을 위반한다고 판결했다. 법원은 이 규정이 선수들이 자유롭게 시장에서 자신의 가치를 평가받는 것을 막고, 리그가 선수들의 이동을 부당하게 통제하고 있다고 판단했다.

법원은 또한 이 규정이 시장 경쟁을 제한하고, 선수들이 합리적인 경쟁을 통해 얻을 수 있는 경제적 이익을 억압한다고 결론지었다.

Mackey v. NFL 사건은 미국 스포츠 법에서 중요한 전환점을 마련했다. 이 판결은 NFL과 같은 리그가 선수의 이적과 관련된 규정을 설정할 때, 반독점법의 제약을 받을 수 있다는 중요한 선례를 남겼다. 이 사건 이후, NFL은 로지드 룰을 폐지하고, 선수들의 이적과 관련된 새로운 규정을 마련해야 했다. 이 사건은 또한 스포츠 리그와 선수들 간의 계약 및 이적 문제에 있어 법적 경계가 설정되는 중요한 사례로 남아 있다. Mackey

v. NFL 사건은 선수들의 권리와 시장에서의 공정한 대우를 보호하는 데 기여했으며, 이로 인해 프로 스포츠에서 선수들이 자신의 가치를 더 잘 평가받을 수 있는 환경을 조성하는 데 기여했다.

로지드 룰(Rozelle Rule)은 과거 NFL에서 사용되었던 규정으로, NFL 커미셔너였던 피트 로지(Pete Rozelle)의 이름을 따서 명명되었다. 이 규정은 팀에서 계약이 만료된 선수가 자유계약선수(Free Agent)로서 다른 팀과 계약할 경우, 그 선수를 영입한 새로운 팀이 이전 팀에 상당한 보상(주로 드래프트 픽 또는 금전)을 제공해야 한다는 내용을 담고 있다.

로지드 룰에 따르면, 자유계약선수가 다른 팀과 계약을 맺으면, 그 선수를 잃은 원소속 팀은 해당 선수를 영입한 팀으로부터 보상을 받을 권리가 있었다. 이 보상은 대개 드래프트 픽 형태로 이루어졌으며, 경우에 따라서는 금전적인 보상도 포함될 수 있었다. 보상의 정확한 내용은 NFL 커미셔너가 결정했는데 피트 로지 당시 커미셔너는 이 규정을 통해 팀 간의 전력 균형을 유지하고, 선수 이동으로 인해 발생할 수 있는 불공정한 상황을 방지하고자 했다. 하지만 이 규정은 선수들이 자유계약선수로서 다른 팀으로 이적하는 것을 사실상 제한하는 효과를 가져왔고 많은 팀들은 커미셔너가 부과할 수 있는 높은 보상 비용 때문에 자유계약선수를 영입하는 것을 꺼려 했고, 결과적으로 선수들의 자유로운 이동이 제약받았다. 이 판결 이후, NFL은 로지드 룰을 폐지하고, 선수들이 자유계약선수로서 더 자유롭게 팀을 옮길 수 있도록 새로운 규정을 마련해야 했다.

로지드 룰은 당시 NFL에서 팀 간의 균형을 유지하려는 목적에서 도입되었지만, 결국 선수들의 권리를 제한하는 규정으로 비판을 받았다. 이 규정의 폐지는 선수들이 자유계약선수로서 자신들의 가치를 더 잘 평가받고, 더 나은 계약 조건을 추구할 수 있는 길을 열어 주었다. 또한 기존의 커미셔너의 갑질을 막게도 해 주었다. 당시 스포츠 리그에서 커미셔너(Commissioner)의 역할은 매우 중요하며, 커미셔너는 리그의 최고 운영 책임자로서 다양한 책임과 권한을 가지고 있었다. 커미셔너의 역할은 리그의 성격과 구조에 따라 다를 수 있지만, 일반적으로 다음과 같은 주요 역할을 수행했다. 첫째, 리그 운영 및 관리이다. 커미셔너는 리그의 일상적인 운영을 총괄한다. 여기에는 시즌 일정 관리, 경기 규칙의 준수, 선수 등록 및 계약 승인, 팀 간의 이적 및 거래 감독 등이 포함된다. 커미셔너는 리그가 원활하게 운영되도록 하고, 모든 이해 관계자들이 규칙을 준수하도록 보장한다. 둘째, 규정 및 정책 집행이다. 커미셔너는 리그의 규정과 정책을 집행하는 역할을 한다. 리그에서 발생하는 규칙 위반 행위에 대해 조사하고, 적절한 제재를 부과할 권한이 있다. 예를 들어, 선수나 팀이 리그 규정을 위반했을 때, 커미셔너는 벌금, 출장 정지 등의 제재를 부과할 수 있다. 셋째, 리그의 이미지 및 홍보이다. 커미셔너는 리그의 대표자로서 리그의 공공 이미지를 관리하고, 홍보 활동을 주도한다. 이는 리그의 장기적인 성장과 성공에 중요한 요소이며, 미디어, 스폰서, 팬들과의 관계를 강화하는 역할을 포함한다. 넷째, 재정 관리이다. 커미셔너는 리그의 재정을 감독하고, 리그의 재정적 안정성을 보장하는 역할을 한다. 여기에는 리그의 수익 창출 전략 수립, 예산 관리, 팀 간의 수익 분배 등의 업무가 포함된다. 또한, 리그의 주요 스폰서십 계약 및 방송 계약 협상에서도 중요한 역할을 한다. 다섯째, 분쟁 해결이다. 리그 내에서 발생하는 다양한 분쟁을 해결하는 역할도 커미셔너의 중요한 임무 중 하나로 팀 간의 분쟁, 선수와 팀 간의 계약 문제, 그리고 기타 리그 관련 갈등에 대해 중재자 또는 최종 결정자로서 개입할 수 있다. 여섯째, 전략적 방향 설정이다. 커미셔너는 리그의 장기적인 전략적 방향을 설정하는 데 중요한 역할을 한다. 리그의 성장, 확장, 국제화 전략 등을 수립하고, 이를 실행하기 위한 계획을 마련한다. 커미셔너는 또한 새로운 규정이나 정책을 도입하여 리그의 경쟁력을 강화하고, 리그가 변화하는 스포츠 환경에 적응할 수 있도록 한다. 일곱째, 위기관리이다. 리그가 위기 상황에 처했을 때, 커미셔너는 이를 관리하고 해결하는 역할을 한다. 예를 들어, 선수 파업, 팬들의 불만, 법적 문제 등이 발생했을 때, 커미셔너는 이러한 위기를 효과적으로 관리하고, 리그의 신뢰성을 유지하는 데 주력한다. 커미셔너는 리그의 최고 관리자이자 대표자로서, 리그의 성공적인 운영과 발전을 책임진다. 그들은 다양한 이해관계자들 간의 균형을 유지하고, 리그의 장기적인 목표를 달성하기 위해 전략을 수립하며, 리그의 규칙과 정책이 공정하게 적용되도록 보장한다. 커미셔너의 역할은 리그의 전반적인 성과와 리그가 어떻게 운영되는지에 중요한 영향을 미친다. 로지드 룰이 있는 한 선수들은 자신이 가고 싶은 팀으로 커미셔너의 눈치가 보여 이적이 불가능했던 것이다.

미식축구와 방송

1. 방송과 해설에서의 성차별

여성 해설자와 리포터들은 종종 남성 중심의 스포츠 방송 환경에서 차별을 겪는다는 비판이 제기되어 왔다. 예를 들어, 여성 해설자들이 남성 해설자들보다 전문성이 낮다는 편견이나, 외모에 대한 과도한 평가를 받는 등의 문제가 있다. 2017년 ESPN의 'Monday Night Football' 중계에서 베스 모웬스(Beth Mowins)가 첫 여성 중계자로 활약했지만, 그녀의 방송에 대한 반응 중 일부는 성별에 대한 편견이 포함된 부정적인 평가였다는 점이 이러한 문제의 일환으로 볼 수 있다.

2. 미디어 내 여성 인력의 부족
미식축구와 같은 남성 중심 스포츠에서 여성들이 프로듀서, 감독, 작가 등으로 참여하는 비율이 낮다는 문제도 존재한다. 이는 성별에 따른 고정관념과 유리천장으로 인해 여성들이 이러한 분야에서 기회를 얻기 어려운 환경 때문이다.

3. 성차별적 콘텐츠
미디어에서 미식축구를 다루는 콘텐츠가 여성에 대한 성차별적 고정관념을 강화하는 경우도 있다. 예를 들어, 여성 팬들이나 여성 스포츠 기자들이 미식축구와 같은 남성 중심 스포츠에 대한 지식이 부족하다는 편견이 콘텐츠 내에서 드러나는 경우가 있다.

4. 관련 사례
2015년, NFL 네트워크에서 근무하던 여성 프로듀서 제이미 캔틸로(Jamie Cantillo)는 성차별과 성희롱을 이유로 소송을 제기했다. 그녀는 직장 내에서 성희롱과 차별을 당했으며, 남성 동료들보다 낮은 평가를 받고 승진 기회를 제한받았다고 주장했다. 이 사건은 미디어와 스포츠 방송 업계에서 성차별 문제가 존재함을 보여 주는 사례 중 하나이다.

> 5. 변화의 움직임
> 최근 몇 년간 여성들의 참여가 증가하고 있으며, 성차별 문제를 해결하려는 노력이 이어지고 있다. 다양한 미디어 플랫폼과 스포츠 조직들이 성차별 문제를 해결하고, 더 많은 여성들이 스포츠 콘텐츠 제작에 참여할 수 있도록 장려하는 프로그램을 도입하고 있다.

4. 미식축구와 인종차별, Washington Redskins Trademark Case(2014)

　Washington Redskins Trademark Case(2014) 사건은 워싱턴 레드스킨스(Washington Redskins)라는 미국 NFL 팀의 이름과 관련된 상표권 문제를 다룬 중요한 법적 사건이다. 이 사건은 '레드스킨스'라는 용어가 아메리카 원주민들에 대한 인종적 비하 표현이라는 논란 속에서 발생한 것이다. 워싱턴 레드스킨스라는 이름은 1933년부터 사용되어 온 미국 프로 미식축구 팀의 명칭이었으나, '레드스킨스'라는 단어가 아메리카 원주민들에 대한 모욕적인 용어라는 비판이 꾸준히 제기되었다. 많은 아메리카 원주민 단체와 인권 단체들은 이 팀 이름이 인종차별적이라며 변경을 요구해 왔다.

　2014년, 미국 특허청 산하의 상표심판원(Trademark Trial and Appeal Board, TTAB)은 'Washington Redskins'라는 팀 이름에 대해 상표권 등록을 취소하는 판결을 내렸다. TTAB는 '레드스킨스'라는 용어가 미국 법률상 상표로 보호될 수 없다고 판단했다. 이는 1946년 상표법

(Lanham Act)에 근거한 결정으로, 법에 따르면 인종적으로 모욕적이거나 경멸적인 용어는 상표로 등록될 수 없다. 이 판결은 1992년에 처음 제기된 비슷한 소송의 연장선상에 있다. 당시에도 워싱턴 레드스킨스의 상표권을 문제 삼는 소송이 제기되었지만, 법원은 그때는 상표 등록을 취소하지 않았다. 그러나 2014년 판결에서는 TTAB가 '레드스킨스'라는 단어가 충분히 경멸적이라는 결론을 내리면서 상표권 취소 결정을 내렸다. 2015년, 워싱턴 레드스킨스 팀은 이 판결에 대해 연방 법원에 항소했다. 연방 법원은 TTAB의 결정을 지지하며, 팀의 상표권이 취소될 수 있다고 판결했다. 그러나 이 문제는 이후 미국 대법원까지 올라가게 되었다. 이 사건의 법적 쟁점은 단순히 상표권 문제를 넘어서, 표현의 자유(First Amendment)와 관련된 헌법적 논쟁으로 확산되었다. 팀 측은 '레드스킨스'라는 이름이 표현의 자유에 해당하며, 이 이름을 사용하는 것은 헌법적으로 보호받아야 한다고 주장했다. 이 사건은 상표권 문제와 함께, 미국 사회에서 인종차별적 표현과 상징에 대한 논의를 촉발시켰다. 많은 스포츠 팀들이 원주민과 관련된 이름이나 상징을 변경하는 움직임이 이어졌다. 결국 2020년, 워싱턴 레드스킨스 팀은 공식적으로 팀 이름을 'Washington Football Team'으로 변경하기로 결정했고, 이후 2022년에는 'Washington Commanders'라는 새로운 팀 이름을 발표했다. 이 사건은 미국 사회에서 인종차별적인 표현과 상징이 더 이상 용납되지 않는 방향으로 변해 가는 중요한 전환점 중 하나로 평가받고 있다. 즉, 인종차별적 표현과 상징에 대한 민감성을 높이고, 많은 스포츠 팀들이 원주민과 관련된 이름이나 마스코트를 재검토하게 만든 중요한 사례이다.

미식축구 산업의 특징

미국의 미식축구 산업은 스포츠 산업 중에서도 특히 큰 규모와 영향력을 자랑하며, 경제, 문화, 사회적 측면에서 독특한 특징을 가지고 있다.

1. 거대한 경제 규모
미식축구 산업은 매년 수십억 달러의 수익을 창출하며 미국에서 가장 인기 있는 스포츠이다. 특히 NFL(National Football League)은 세계에서 가장 수익성이 높은 스포츠 리그 중 하나로, 2022년에는 리그 전체 수익이 약 180억 달러에 달했다. 수익의 주요 원천은 방송권 계약, 티켓 판매, 스폰서십, 머천다이징 등이다. NFL은 방송권 계약에서 막대한 수익을 창출하는데 최근 NFL은 FOX, CBS, NBC, ESPN과의 방송권 계약을 통해 매년 수십억 달러를 벌어들이고 있다. 또한, 디지털 스트리밍 서비스와의 계약도 증가하고 있어, 미디어 권리에서의 수익이 계속 확대되고 있다.

2. 광범위한 팬층과 사회적 영향력
미식축구는 미국에서 가장 인기 있는 스포츠로, 슈퍼볼(Super Bowl)은 매년 수천만 명의 시청자를 끌어들이는 단일 스포츠 이벤트 중 가장 큰 행사이며 이는 미식축구가 단순한 스포츠를 넘어 문화적 이벤트로 자리 잡고 있음을 보여 준다.
NFL 팀들은 각각의 도시와 지역 사회와 깊이 연결되어 있으며,

팀이 지역 경제와 문화에 미치는 영향은 크다. 홈경기가 열리는 날에는 경기장 주변 경제가 활기를 띠며, 팀의 성공은 지역 사회의 자긍심과도 연결된다.

3. 고수익 플레이어 시장
NFL 선수들은 세계에서 가장 높은 연봉을 받는 스포츠 선수들 중 일부이며 특히, 쿼터백과 같은 중요한 포지션을 맡은 선수들은 수천만 달러의 연봉과 보너스를 받으며, 인기와 실력에 따라 다양한 스폰서십 계약도 체결한다. NFL 드래프트는 미국 대학 풋볼 선수들이 프로로 진출하는 중요한 경로로, 매년 많은 관심을 끈다. 드래프트에 참가하는 선수들은 엄청난 보상 계약을 체결하며, 이는 팀의 미래와도 직결되는 중요한 요소이다.

4. 강력한 리그 구조와 규제
NFL은 팀 간의 경쟁 균형을 유지하기 위해 샐러리 캡(Salary Cap) 제도를 도입한다. 이 제도는 각 팀이 지출할 수 있는 선수 연봉 총액을 제한하여, 특정 팀이 선수들을 독점하는 것을 방지한다. NFL 선수 노조(NFLPA)와 리그 간의 단체 교섭은 리그 운영에 중요한 역할을 한다. 이 협약은 선수들의 복지, 연봉, 안전 규정 등을 포함하며, 리그 운영의 법적, 경제적 틀을 제공한다.

5. 안전과 부상 문제
미식축구는 선수들의 신체적 충돌이 빈번한 스포츠로, 특히 뇌진탕과 같은 심각한 부상 문제가 주목받고 있다. 이로 인해 NFL은 선수 보호를 위한 다양한 규정을 강화하고 있으며, 선수 건강을 보호하기 위한 연구와 프로그램에 막대한 투자를 하고 있다. 선수들의 부상 예방과 치료를 위해 최고 수준의 의료 및 재활 서비스가 제공되며, 팀들은 이러한 분야에 큰 비용을 투자하고 있다.

6. 광고와 스폰서십의 주요 플랫폼

슈퍼볼 광고는 세계에서 가장 비싼 광고 시간으로, 30초당 수백만 달러에 이르는 비용이 필요하다. 이는 슈퍼볼이 단순한 경기 이상으로, 글로벌 브랜드들이 최고의 광고 효과를 얻기 위해 경쟁하는 플랫폼이 되었음을 보여 준다. NFL 팀들과의 스폰서십 계약은 브랜드가 대중에게 다가가는 강력한 방법이다. 팀 유니폼, 경기장 명명권, 경기 중 광고 등 다양한 형태의 스폰서십이 존재하며, 이는 리그와 팀의 주요 수익원이 된다.

7. 문화적 및 사회적 영향력

미식축구는 인종차별, 사회 정의, 성평등과 같은 다양한 사회적 이슈에 대한 플랫폼이다.

NFL 선수들과 리그는 종종 이러한 문제들에 대한 입장을 표명하며, 사회적 변화에 영향을 미치고 많은 기사가 쏟아지는 등 관심을 받는다. NFL과 팀들은 청소년 스포츠 발전과 지역 사회 지원을 위한 다양한 프로그램을 운영하며 이들은 지역 사회에 긍정적인 영향을 미치며, 장기적으로는 리그의 팬층을 확대하는 데 기여한다.

8. 글로벌 확장

NFL은 런던, 멕시코시티 등 해외 도시에서 정기적으로 경기를 개최하며, 글로벌 팬층을 확대하려는 노력을 기울이고 있다. 이는 미식축구의 국제적 인지도를 높이고, 글로벌 스포츠 시장에서의 입지를 강화하는 전략이다. 미국 외의 지역에서도 미식축구 팬층이 빠르게 증가하고 있으며, 이는 리그와 팀들이 해외 마케팅에 집중하는 이유 중 하나이다.

미국의 미식축구 산업은 방대한 경제적 규모와 문화적 영향력을 가진 독특한 산업으로, 경기 자체뿐만 아니라 다양한 상업적, 사회적 요소들이 결합된 복합적인 시스템으로 운영한다.

5. 토니 덩지(Tony Dungy)와 데니스 그린(Dennis Green) 사건과 루니 룰

토니 덩지(Tony Dungy)와 데니스 그린(Dennis Green)은 2002년 NFL 시즌이 끝난 후 각자 소속 팀에서 해고되었다.

(1) 토니 덩지(Tampa Bay Buccaneers)

토니 덩지는 1996년부터 2001년까지 탬파베이 버커니어스의 헤드 코치로 활동하며, 팀을 꾸준히 플레이오프에 진출시키는 등 상당한 성과를 거두었다. 덩지는 탬파베이의 수비를 리그 최고 수준으로 끌어올렸지만, 팀은 공격에서의 부족함으로 인해 슈퍼볼 진출에 실패했다. 2001 시즌,

덩지가 이끄는 버커니어스는 정규 시즌을 9승 7패로 마감했으며, 플레이오프 첫 경기에서 필라델피아 이글스에게 패배했다. 팀 소유주들은 덩지가 슈퍼볼에 진출할 수 있는 팀을 만들지 못한 것에 실망하며, 공격력을 강화할 새로운 코치가 필요하다고 판단했다. 이로 인해 덩지는 2001 시즌이 끝난 후 해고되었다. 덩지는 해고된 후 인디애나폴리스 콜츠의 헤드 코치로 임명되었으며, 2006년 콜츠를 슈퍼볼 우승으로 이끌면서 흑인 헤드 코치로서 최초로 슈퍼볼 우승을 차지한 기록을 세웠다.

(2) 데니스 그린(Minnesota Vikings)

데니스 그린은 1992년부터 2001년까지 미네소타 바이킹스의 헤드 코치로 활동했다. 그의 감독하에 바이킹스는 1998년 시즌에 15승 1패의 기록을 세우며 리그 최고 성적을 거두었고, NFC 챔피언십 게임에 진출했다. 그린의 지휘 아래 팀은 꾸준히 플레이오프에 진출했지만, 슈퍼볼 진출에는 실패했다. 2001 시즌, 바이킹스는 5승 10패의 기록으로 정규 시즌을 마감하며 플레이오프 진출에 실패했다. 팀의 성적 부진과 일부 선수와의 불화, 그리고 구단 소유주와의 의견 차이 등이 겹치면서, 그린은 시즌이 끝나기 전에 해고되었다. 그린은 이후 애리조나 카디널스의 헤드 코치로 임명되었지만, 그곳에서는 큰 성과를 거두지 못했다.

미식축구와 헤드 코치

헤드 코치(Head Coach)는 미식축구 팀에서 가장 중요한 지도자 역할을 수행하는 사람으로, 팀의 전체적인 전략, 경기 운영, 선수 관리, 코칭 스태프 지도 등을 총괄한다. 헤드 코치는 팀의 성패에 직접적인 영향을 미치는 중요한 역할을 맡고 있으며, 다양한 책임을 가지고 있다.

1. 팀 전략 수립(Strategy Development)
헤드 코치는 팀의 전체적인 전략을 수립한다. 여기에는 공격, 수비, 스페셜 팀의 전술적 계획을 세우는 것이 포함된다. 게임 플랜(Game Plan)을 마련하고, 상대 팀의 강점과 약점을 분석하여 그에 맞는 전략을 설계하는 역할을 한다.

2. 경기 운영(Game Management)
경기 중에는 실시간으로 팀의 운영을 관리한다. 헤드 코치는 경기 중 중요한 결정을 내리며, 예를 들어 4다운에서의 공격 시도 여부, 필드골 시도, 시간 관리(Time Management) 등의 결정을 내린다. 경기 흐름에 따라 전략을 조정하고, 선수 교체나 포지션 변경 등을 지시하기도 한다.

3. 선수 개발 및 관리(Player Development and Management)
헤드 코치는 선수들의 기술 발전과 경기력 향상을 지도한다. 훈련 계획을 세우고, 개별 선수의 능력을 최대한 발휘할 수 있도록 지도한다. 또한 선수들의 신체적, 정신적 상태를 관리하며, 부상 예방 및 회복 과정에서도 중요한 역할을 한다.

4. 코칭 스태프 관리(Coaching Staff Management)
헤드 코치는 공격 코디네이터, 수비 코디네이터, 포지션 코치 등 다양한 코칭 스태프를 관리하고 이들을 지도한다. 각 코치들이 맡은 분야에서 최상의 성과를 낼 수 있도록 협력하고, 코칭 스태프 간의 조정을 통해 팀 전체의 효율성을 극대화한다.

5. 경기 준비(Game Preparation)
상대 팀에 대한 분석과 스카우팅 보고서를 기반으로 팀을 준비시킨다. 주간 훈련을 통해 선수들에게 전술을 숙지시키고, 상대 팀의 전략에 맞서기 위한 대비책을 마련한다.

6. 동기부여 및 리더십(Motivation and Leadership)
헤드 코치는 팀의 리더로서, 선수들에게 동기부여를 하고, 팀의 사기를 높이는 역할을 한다. 중요한 경기나 위기 상황에서 팀을 하나로 묶고, 목표 달성을 위해 모든 구성원이 최선을 다할 수 있도록 지도한다.

7. 경기 분석 및 평가(Game Analysis and Evaluation)
경기가 끝난 후, 헤드 코치는 경기 결과를 분석하고 팀의 강점과 약점을 평가한다. 이 과정에서 잘못된 점을 파악하고, 이를 개선하기 위한 계획을 세우는 것이 중요하다. 다음 경기를 위해 필요한 전략적 조정도 이 단계에서 이루어진다.

8. 커뮤니케이션(Communication)
헤드 코치는 구단주, 단장, 선수, 코칭 스태프, 팬, 미디어와의 소통을 담당한다. 팀의 방향성, 경기 결과, 선수 기용 등에 대한 의사소통을 효율적으로 진행하여 팀의 목표를 달성할 수 있도록 한다.

(3) 루니 룰

두 코치 모두 뛰어난 지도력을 발휘하며 NFL에서 중요한 성과를 거두었지만, 그들이 이끌던 팀이 기대에 부응하지 못하거나 중요한 경기에서 패배하면서 해고되었다. 토니 덩지와 데니스 그린의 해고는 NFL 내에서 흑인 코치들이 여전히 불안정한 위치에 있음을 보여 주었고, 이는 Rooney Rule 도입을 촉진한 중요한 배경 중 하나로 작용했다. 즉, 2002년 시즌 후, 탬파베이 버커니어스(Tampa Bay Buccaneers)의 토니 덩지와 미네소타 바이킹스(Minnesota Vikings)의 데니스 그린이라는 두 명의 흑인 헤드 코치가 해고되었는데, 이들이 해고된 후 대체된 코치들 중에 흑인이 없었다. 이 사건은 NFL 내에서 인종적 불평등에 대한 논란을 더욱 고조시켰다. NFL의 다양성 부족 문제를 다루기 위해 하버드 로스쿨의 조지프 프라일리치(Joseph Friedlacher) 교수와 칼 E. 피셔(Carl E. Fisher) 교수가 NFL에서 코치 채용과 관련된 인종적 불평등을 분석한 보고서를 발표했다. 이 연구는 소수 인종 코치들이 승진하거나 고용될 기회가 크게 제한되어 있음을 강조했다. Fritz Pollard Alliance는 NFL 내에서 소수 인종 코치와 인사들의 기회를 확대하기 위한 단체로, 이들이 NFL 경영진과 협력하여 변화를 요구했다. 이 단체는 NFL이 보다 공정하고 균등한 고용 관행을 채택하도록 촉구하는 데 중요한 역할을 했다. 피츠버그 스틸러스(Pittsburgh Steelers)의 구단주였던 댄 루니는 NFL 다양성 위원회의 의장으로서, 이 규칙 도입에 중추적인 역할을 했다. 그의 이름을 딴 'Rooney Rule'은 NFL 팀들이 헤드 코치와 고위직 인사 채용 과정에서 최소한 한 명 이상의 소수 인종 후보를 인터뷰하도록 요구하는 규칙이다. 2003년에 Rooney Rule이 공식적으로 도입되었으며, 이는 NFL이 인종적 다양성을 증진하고, 코칭과 관리직에서 소수 인종 인사들에게 더 많은 기회를 제공하기 위한 중요한 정책 변화였다. Rooney Rule은 이후 여러 번 수정되었고, 코디네이터와 같은 다른 고위직 채용에도 적용되도록 확장되었다.

  이 규칙의 도입은 NFL뿐만 아니라 다른 스포츠 리그와 산업 전반에서도 인종적 다양성과 공평한 고용 관행을 촉진하는 데 중요한 영향을 미쳤다. 댄 루니는 NFL에서 오랫동안 존경받는 인물로, 리그의 발전과 공정한 고용 관행을 촉진하는 데 중요한 역할을 했다. 그는 NFL 팀들이 헤드 코치나 고위직 인사를 채용할 때 소수 인종 후보들에게도 공정한 기회를 제공해야 한다는 신념을 가지고 있었고, 이를 바탕으로 Rooney Rule이 탄생하게 되었다.

제2절 미식축구법

1. 셔먼 반독점법(Sherman Antitrust Act)

　NFL은 셔먼 반독점법의 적용을 받는다. 예를 들어, American Needle, Inc. v. NFL(2010) 사건에서 대법원은 NFL 팀들이 단일 엔터티로 간주될 수 없으며, 반독점법에 따라 NFL의 상업적 활동이 반경쟁적이지 않은지 검토해야 한다고 판결했다. 이 판결은 NFL의 상업 활동에 반독점법이 적용될 수 있음을 명확히 했다. American Needle, Inc.는 NFL 팀 로고가 들어간 모자와 의류를 제조하고 판매하는 회사였다. 이 회사는 여러 NFL 팀들과 라이선스 계약을 맺고 있었지만, 2000년에 NFL은 모든 팀의 라이선스 권한을 하나로 통합하여 Reebok과 독점 계약을 체결했다. 이 계약으로 인해 American Needle은 더 이상 NFL 팀 로고를 사용한 제품을 제조할 수 없게 되었고, 이에 따라 NFL을 상대로 소송을 제기했다. American Needle은 NFL의 이러한 행위가 반독점법을 위반한다고 주장했다. 특히, NFL 팀들이 리그 차원에서 라이선스 계약을 통합한 것은 팀들이 개별적으로 경쟁하는 대신, 협력하여 시장 경쟁을 제한하는 행위라고 주장했다. 이 사건의 핵심 법적 쟁점은 NFL이 단일 경제 주체(Single Entity)로 간주될 수 있는지, 아니면 개별 팀들이 서로 독립된 경제 주체로 간주되어 반독점법의 적용을 받아야 하는지에 관한 것이었다. NFL은 리그가 하나의 단일 경제 주체로 운영되기 때문에, 팀 간의 협력이 반독점법을 위반하지 않는다고 주장했다. 그들은 NFL 팀들이 독립적인 기업이 아니라 리그의 일부로서 공동의 목표를 위해 협력한다고 주장했다.

반면, American Needle은 각 NFL 팀이 독립된 경제 주체로서 시장에서 경쟁해야 하며, 팀들이 리그 차원에서 라이선스 계약을 통합한 것은 시장 경쟁을 제한하는 행위로 반독점법을 위반한다고 주장했다. 2010년, 미국 대법원은 만장일치로 American Needle의 손을 들어 주었다. 대법원은 NFL이 단일 경제 주체로 간주될 수 없다고 판결했다. 대법원은 각 NFL 팀이 독립된 경제 주체로서 개별적인 이해관계를 가지고 있으며, 이들이 협력하여 상업적 결정을 내리는 것은 반독점법의 적용을 받을 수 있다고 판단했다.

대법원은 NFL 팀들이 서로 독립적으로 운영되는 경쟁 기업이며, 리그 차원에서의 협력은 특정 상황에서 반독점법 위반으로 간주될 수 있다고 결론지었다.

American Needle, Inc. v. NFL 사건은 스포츠 리그와 관련된 상업적 활동이 반독점법의 적용을 받는 방식에 대해 중요한 선례를 남겼다. 이 판결은 NFL뿐만 아니라 다른 주요 프로 스포츠 리그(NBA, MLB, NHL 등)에도 영향을 미쳤으며, 리그가 상업적 결정(예: 라이선스 계약, 미디어 계약 등)을 내릴 때 반독점법을 준수해야 한다는 중요한 기준을 설정했다.

2. 노동 관리 관계법
(Labor Management Relations Act, LMRA)

NFL 선수들은 노동조합(NFLPA)을 통해 집단 교섭을 진행하므로 이 법은 선수들의 임금, 근로 조건, 자유계약선수 자격, 그리고 샐러리 캡(Salary Cap) 등과 관련된 협상에 중요한 역할을 한다. LMRA는 또한 파업과 같은 노동 쟁의 상황에서도 중요한 법적 근거를 제공한다.

3. Fair Labor Standards Act(FLSA)

FLSA는 최저임금, 초과근무 수당, 아동 노동 규제를 포함하는 미국의 기본 노동법이다. NFL 선수들은 일반적으로 최저임금 이상의 수익을 얻고 있지만, FLSA는 여전히 이들에게 중요한 법적 보호를 제공한다. 특히, 구단의 직원이나 연습생(예: 연습 스쿼드의 선수들) 등이 FLSA의 적용을 받는다.

4. Sports Broadcasting Act of 1961

이 법은 미국의 프로 스포츠 리그가 TV 방송권을 집합적으로 판매할 수 있도록 허용하는 법률이다. NFL은 이 법에 따라 방송권을 집단적으로 판매하고, 수익을 팀들 간에 분배할 수 있다. 이 법은 리그가 방송 수익을 통해 재정적 안정을 유지하고, 팀 간의 경쟁력을 높이는 데 기여한다.

5. 선수 안전 관련 법령들

NFL은 선수 보호를 위해 여러 안전 규정을 시행하고 있으며, 이러한 규정은 선수의 부상을 최소화하고, 특히 뇌진탕 문제에 대한 보호를 강화하는 데 중점을 둔다. NFL Concussion Settlement(2013) 사건은 뇌진탕 문제와 관련된 중요한 법적 사례로, 이 사건에서 리그는 전·현직 선수들에게 약 10억 달러의 배상금을 지급하는 것으로 합의했다.

Kleinknecht v. Gettysburg College(1993)는 대학의 스포츠 프로그램 참가자 안전과 관련된 의무 및 책임에 대해 다룬 판례이다. 미식축구와 같이 과격한 스포츠인 라크로스 스포츠 사고로 미식축구 안전사고에 경각심을 줄 수 있다.

　Drew Kleinknecht는 20세의 Gettysburg College 학생이자 학교의 라크로스 팀 선수였다. 1988년 9월 16일, Drew는 팀 연습 도중 심장마비를 일으켜 쓰러졌다. 당시 연습 현장에는 응급 의료 장비가 없었고, 코치나 직원 중 심폐소생술(CPR)이나 응급 처치에 능숙한 사람이 없었다. Drew는 현장에서 즉시 적절한 응급처치를 받지 못해 결국 안타깝게도 사망에 이르게 되었다.

　Drew의 가족은 Gettysburg College가 Drew의 죽음에 대해 책임이 있다고 주장하며 소송을 제기했다. 그들은 학교가 Drew와 같은 운동선수들에게 안전한 환경을 제공할 의무가 있었음에도 불구하고, 응급 상황에 대비하지 않았다고 주장했다. Drew의 가족은 스포츠 프로그램을 제공한 대학이 Drew와 법적으로 특별 관계(Special Relationship)에 있다고 주장했다. 법적으로, 특정 상황에서 발생하는 의무는 '특별 관계'가 있을 때 적용될 수 있다. Kleinknecht 가족은 Drew와 Gettysburg College 사이에 특별한 관계가 존재한다고 주장했다. 이 관계는 Drew가 대학의 공식 스포츠 프로그램에 참여했기 때문에 발생했으며, 이로 인해 대학은 Drew의 안전을 보호할 의무가 있다고 주장했다. 다음으로 Kleinknecht 가족은 Gettysburg College가 Drew의 안전을 보장하기 위해 필요한 조치를 취하지 않았다, 의무 위반(Duty of Care)을 주장했다. 특히, 응급 상황에 대비한 적절한 계획이나 장비, 그리고 훈련받은 인력이 없었다는 점을 지적했다.

　3 대 2 판결로 펜실베이니아 제3 연방순회항소법원은 Kleinknecht 가족의 주장에 동의했다. 법원은 다음과 같은 결정을 내렸다. 첫째, 법원은 Drew Kleinknecht와 Gettysburg College 사이에 특별한 관계가 존재

한다고 인정했다. Drew는 대학의 스포츠 팀의 공식 선수였으며, 대학은 그를 위한 연습 세션을 조직했다. 따라서 대학은 Drew의 안전을 보호할 의무가 있다고 판단했다. 둘째, 법원은 Gettysburg College가 의무를 다하지 않았다고 결론지었다. Drew가 심장마비를 일으켰을 때, 현장에 응급 처치를 제공할 수 있는 사람이 없었고, 필요한 응급 장비도 마련되지 않았는데 이는 의무위반이라고 인정했다. 이는 학교가 학생의 안전을 충분히 보호하지 못한 것으로 간주되었다.

이 사건은 대학과 스포츠 프로그램의 책임에 대한 중요한 판례로 남았다. 이 판결은 대학이 공식 스포츠 프로그램에 참가하는 학생들의 안전을 보장하기 위해 보다 높은 수준의 주의 의무를 다해야 한다는 것을 명확히 했다.

특히, 이 사건 이후로 많은 대학과 학교는 응급 의료 대응 계획을 수립하고, 코치와 스포츠 관련 직원들에게 응급 처치 훈련을 받게 하며, 응급 장비를 구비하는 등의 조치를 취하게 되었다. 이로 인해 학생 운동선수들의 안전이 보다 강화되었으며, 스포츠 관련 사고에 대한 대응 수준이 높아졌다.

Kleinknecht v. Gettysburg College 사건은 학교의 스포츠 프로그램에 참여하는 학생들에게 안전한 환경을 제공하는 것이 얼마나 중요한지를 강조하며, 이후 유사한 사건에서 중요한 법적 기준으로 작용하게 되었다.

6. Curt Flood Act of 1998

이 법은 MLB의 반독점 면제를 부분적으로 제한하는 법률이지만, 다른 프로 스포츠 리그에서도 선수 계약과 관련된 반독점 문제에 적용될 수 있다. 이 법은 NFL에서 자유계약선수 제도와 관련된 반독점 문제에 대한 법적 근거를 제공할 수 있다. 선수들은 이 법을 근거로 반독점법을 적용받을 수 있다.

7. Title IX of the Education Amendments of 1972

타이틀 IX는 교육 프로그램이나 활동에서 성차별을 금지하는 연방 법률이다. 이 법은 대학 미식축구 프로그램에서 성평등을 보장하는 역할을 하는 법이다. 남자와 여자 스포츠 프로그램 간의 자원 배분에서 성차별이 없는지를 감시하며, 이는 특히 대학 스포츠에서 중요한 역할을 한다. 미식축구는 전통적으로 남성 중심의 스포츠로 알려져 있지만, 여성들도 다양한 방식으로 미식축구에 참여하고 있으며, 그 참여는 점차 확대되고 있다. 여성의 미식축구 참여는 여러 형태로 이루어지고 있다. Women's Football Alliance(WFA)는 미국에서 가장 큰 여성 미식축구 리그 중 하나로, 여러 팀이 전국적으로 경쟁을 한다. WFA는 풀패드(Full Pads) 방식의 풀컨택(Full Contact) 미식축구를 제공한다. 과거 Lingerie Football League로 알려졌던 이 리그는 '레전즈 풋볼 리그(Legends Football League, LFL)'로 이름을 바꾸며 진지한 경쟁 스포츠로 발전했다. 이 리그는 여성들이 플레이하며, 종종 공격적이고 빠른 경기 스타일로 주목받았다. 여성 코치와 심판도 증가하는 추세인데 몇몇 여성 코치들이 NFL 및 대학 풋볼 프로그램에서 중요한 역할을 하고 있다. 예를 들어, 케이티 소워스(Katie Sowers)는 샌프란시스코 49ers의 공격 부문 보조 코치로 일하며, 2020년 슈퍼볼에 참가한 첫 번째 여성 코치가 되었다. 그녀는 NFL 역사에서 중요한 인물로 남아 있다. 사라 토마스(Sarah Thomas)는 2015년 NFL에서 최초의 여성 풀타임 심판이 되었으며, 2021년 슈퍼볼 LV에서 심판을 맡은 최초의 여성이 되었다. 그녀의 진출은 여성들이 NFL과 같은 최고 수준의 리그에서 중요한 역할을 할 수 있음을 보여 준다. 미국 전역의 청소년 및 고등학교 리그에서 여자 선수들이 남자들과 함께 플레이하는 경우가 있다. 몇몇 여성들은 키커, 펀터, 또는 쿼터백 등의 포지션에서 두각을 나타내기도 한다.

8. Americans with Disabilities Act(ADA)

ADA는 장애를 가진 사람들의 권리를 보호하는 법률로, 공공시설 접근성, 고용 기회, 그리고 공정한 대우를 보장한다. ADA는 미식축구 경기장 및 시설의 접근성을 규제하며, 선수나 관중 중 장애를 가진 사람들이 차별받지 않도록 보호한다. 예를 들어, 경기장 접근성 개선이나 장애인 관중을 위한 특별 좌석 등이 이에 해당한다.

9. Intellectual Property Laws

NFL 팀의 이름, 로고, 방송 권리 등과 관련된 지적재산권 보호는 중요한 이슈이다. NFL은 팀 로고와 이름에 대한 상표권을 엄격히 관리하며, 이를 통해 팀 브랜드와 관련된 수익을 보호한다. 지적재산권 보호는 팀의 상징과 브랜드 이미지를 보호하는 데 핵심적인 역할을 한다.

10. 고용 차별 금지법

이 법은 고용 과정에서 인종, 성별, 나이, 종교 등의 차별을 금지하는 법률이다. NFL과 같은 리그에서는 고용 차별 금지법에 따라 팀들이 코치, 선수, 프런트 오피스 직원 등을 고용할 때 차별이 없어야 한다. 예를 들어, '루니 룰(Rooney Rule)'은 NFL 팀들이 헤드 코치와 고위직을 채용할 때 소수 인종 후보자를 인터뷰하도록 요구하는 규정이다.

축구선수와 퍼블리시티권

최근 연예인들의 사진을 그대로 트레이싱하는 등 타인의 초상이나 연예인들의 얼굴을 그대로 활용하는 웹툰의 경우 법적 분쟁의 위험성을 안고 있는 것이 사실이다. 「저작권법」 제35조 제4항은 "위탁에 의한 초상화 또는 이와 유사한 사진저작물의 경우에는 위탁자의 동의가 없는 때에는 이를 이용할 수 없다"라고 규정하고 있는 점으로 추정컨대 타인의 초상이나 연예인들의 허락을 득하지 않고 이를 상업적으로 웹툰에 활용하게 되면 저작권 외 기타의 권리 침해가 있을 수 있을 것이다. 예를 들어 언론이 공익을 위해 정보를 전달할 권리가 있더라도, 이는 타인의 경제적 이익이나 초상권을 침해하지 않는 선에서 이루어져야 한다는 점은 명확하다.[5] 하물며 웹툰, 게임 캐릭터, 과자 등과 같은 곳의 상업적 이용은 ① 연예인의 초상을 무단으로 그려 판매하는 것은 퍼블리시티권을 침해할 가능성이 있고, ② 연예인의 사진을

---

5) Zacchini v. Scripps-Howard Broadcasting Co.(1977) 433 U.S. 562, 휴고 자키니(Hugo Zacchini)는 서커스에서 '인간 대포'로 불리며 대포로 발사되는 위험한 스턴트를 선보이는 퍼포머였다. 자키니는 오하이오주의 박람회에서 퍼포먼스를 했고, 당시 지역 방송국인 Scripps-Howard Broadcasting Company의 기자가 자키니의 허락 없이 이 퍼포먼스를 촬영하여 저녁 뉴스에서 전체 퍼포먼스를 방영했다. 자키니는 이에 대해 자신의 퍼포먼스를 무단으로 방송한 것이 자신의 초상권을 침해한 것이라며 소송을 제기했다. 자키니의 퍼포먼스 전체를 방송한 것이 그의 초상권(또는 퍼포먼스권)을 침해한 것인지, 또는 뉴스 보도의 일환으로 공익성을 위해 방송된 것이므로 보호받을 수 있는지에 대한 문제가 논점이 되었는데 미국 대법원은 언론의 자유와 초상권 보호간의 균형을 고려하면서도 자키니의 퍼포먼스 전체를 방송하는 것은 그의 경제적 이익을 침해한다고 판단했다. 이 판결은 특히 타인의 퍼포먼스를 무단으로 촬영하거나 방송하는 것이 그의 초상권을 침해할 수 있음을 명확히 했다.

참고하여 그림을 그린 경우, 그 사진에 대한 저작권자의 허가를 받지 않았다면 저작권 침해로 간주될 수 있으며 ③ 만약 그림이 연예인의 사생활을 침해하거나, 그들을 부정적이거나 왜곡된 방식으로 묘사하여 명예를 훼손할 경우, 법적 문제가 될 수 있다.[6] 그러므로 연예인이나 그들의 법적 권한이 명확한 대리인에게 사용 허가를 받아야 한다. 캘리포니아의 벨라 루고시 사건은 퍼블리시티권의 유명한 사례[7]이다. 벨라 루고시(Bela Lugosi)는 1930년대 영화 〈드라큘라(Dracula)〉에서 드라큘라 역을 맡아 큰 인기를 얻은 헝가리 출신의 배우이다. 그의 이미지, 특히 드라큘라 역할로서의 이미지는 이후 여러 매체에서 반복적으로 사용되었는데 루고시의 사망 후, 그의 상속인들은 Universal Pictures가 그의 드라큘라 역할 이미지와 관련된 상품을 허가 없이 계속해서 판매하고 있다고 주장하며 소송을 제기했다. 상속인들은 루고시의 퍼블리시티권이 그가 사망한 후에도 상속된다고 주장했다. 캘리포니아 대법원은 퍼블리시티권은 개인의 생존 기간 동안에만 존재하며, 사망 후에는 상속되지 않는다고 판결했는데 법원은 퍼블리시티권이 사망 후에도 지속된다면 이는 사망자의 인격권(Personality Rights)을 사후에도 보호하는 것이 되며, 이는 법의 원칙에 맞지 않다고 판단했고 따라서 루고시의 상속인들은 Universal Pictures가 루고시의 이미지와 관련된 상품을 판매하는 것을 막을 수 없었다. 그러나 이후 여러 주에서 퍼블리시티권을 보호하는 법이 제정되면서, 일부 주에서는 사망 후에도 퍼블리시티권이 보호될 수 있도록 법적

---

6) 일반적으로 연예인들은 공적인 인물로 간주되어 사생활 침해 주장에 있어 제한적인 보호를 받지만, 특정 상황에서 여전히 사생활 침해를 주장할 수 있는 경우가 존재한다.
7) Lugosi v. Universal Pictures(1979) 25 Cal.3d 813

장치를 마련했다. 예를 들어, 캘리포니아주는 영화인을 우대하기 위해 1985년 「캘리포니아 민법 제3344.1조」가 제정되어, 특정 조건하에서 퍼블리시티권이 사후에도 지속될 수 있도록 했는데 개인의 퍼블리시티권, 특히 사망 후의 퍼블리시티권을 보호하기 위해 제정된 법률 조항은 사망한 인물의 이름, 목소리, 서명, 사진, 또는 초상 등을 무단으로 상업적 목적으로 사용하는 것을 금지하고 있다.[8] 1992년 캘리포니아주에서 있었던 삼성전자 미국법인 사건은[9] 광고에서 미래형 로봇이 Vanna White의 'Wheel of Fortune' 쇼호스트 역할을 대신하는 장면을 사용하자 Vanna White가 삼성전자를 대상으로 자신의 퍼블리시티권을 침해했다고 주장하며 소송을 제기한 사건이다. 삼성은 1980년대 후반에 '미래의 기술'을 보여 주는 광고 캠페인을 기획했는데 이 캠페인 중 'Wheel of Fortune' 쇼를 떠올리는 세트 배경에 로봇이 진행자인 광고를 만들면서 문제가 불거졌다.

---

8) 캘리포니아 민법 제3344.1조. (a) 사망한 인물의 퍼블리시티권은 사망 후 70년 동안 보호된다. 이 권리는 사망자의 상속인, 유언집행자, 또는 법적 대표자가 상속받아 관리할 수 있다. (b) 이 법은 사망자의 이름, 목소리, 서명, 사진, 초상 등의 상업적 사용을 규제한다. 이러한 속성을 상업적 목적으로 사용하려면 권리 보유자(상속인 또는 법적 대표자)의 허가를 받아야 한다. (c) 무단으로 사망자의 퍼블리시티권을 침해한 경우, 권리 보유자는 손해배상 및 법적 금지 명령을 청구할 수 있다. 법원은 실질적 손해와 추가적인 손해배상금을 부과할 수 있으며, 이는 고의적 침해의 경우 더욱 강화될 수 있다. (d) 예외: 뉴스 보도, 공익적인 작품, 학술적 연구, 비평 등 공공의 이익을 위한 사용은 이 법의 적용을 받지 않는다. 또한, 사망자의 퍼블리시티권 침해가 아닌 경우, 예술적 표현이나 기타 공정 이용(fair use)으로 간주될 수 있다. (e) 퍼블리시티권 침해 주장에 대한 소송은 사망자의 거주지 또는 침해가 발생한 캘리포니아주 내에서 제기될 수 있다. (f) 이 조항은 캘리포니아주에서 사망한 인물에게 적용되며, 캘리포니아주에서 발생한 퍼블리시티권 침해 사건에 대해 관할권을 가진다. 이 법은 사망자의 권리를 존중하며, 그들의 이미지와 관련된 상업적 이익을 보호하기 위한 중요한 법적 수단을 제공한다.
9) White v. Samsung Electronics America, Inc.(1992) 971 F.2d 1395

이 로봇은 금발 가발을 쓰고 드레스를 입었으며 Vanna White가 'Wheel of Fortune'에서 자주 했던 포즈를 취하고 있었다. 이 사건의 주요 쟁점은 '퍼블리시티권이 실제로 Vanna White의 이름이나 얼굴을 사용하지 않은 경우에도 침해될 수 있는가'였고 오직 광고가 특정 인물의 이미지나 인격을 상징적으로 모방하는 경우에도 퍼블리시티권 침해로 간주될 수 있는지 살펴보아야 했다.

미국 제9 순회항소법원은 Vanna White의 퍼블리시티권이 침해되었다고 판결했다. 법원은 광고가 Vanna White의 이름이나 실제 이미지를 사용하지 않았더라도, 광고에서 사용된 로봇이 명백하게 그녀를 연상시키고 있으며, 삼성은 이를 통해 그녀의 인격을 상업적으로 이용한 것으로 판단했다. 법원은 특히 "명성 있는 인물의 퍼블리시티권은 그 사람의 신체적 외모만이 아니라, 그 사람을 식별할 수 있는 모든 특징에까지 확장될 수 있다"라고 판시했다. 따라서 삼성의 광고는 Vanna White의 퍼블리시티권을 침해한 것으로 간주되었다.

2001년 Gary Saderup(개리 새더럽) 사건[10] 역시 그대로 사용하는 초상화가 저작권 침해임을 미국 법원은 명확히 하였다. 개리 새더럽은 'The Three Stooges'라는 코미디 그룹 멤버들의 초상화를 그려 티셔츠와 포스터에 사용해 판매했다. The Three Stooges의 권리를 소유한 Comedy III Productions는 이를 퍼블리시티권 침해로 보고 소송을 제기했고 캘리포니아 대법원은 새더럽이 상업적 목적으로 연예인의 초상을 사용한 것이 퍼블리시티권을 침해했다고 판결했다.

---

10) Comedy III Productions, Inc. v. Gary Saderup, Inc.(2001) 25 Cal.4th 387

이 판결에서 법원은 '변형성 테스트'를 통한 새로운 시장 가능성이 있는지 판단했으나 이 같은 것이 없다고 보았다. 또 예술적 표현이 원작의 단순한 재현을 넘어서는 변형적 특성(창작성의 존중)을 갖고 있는지를 판단했고 변형적이지 않은 단순한 초상화는 퍼블리시티권 침해로 간주될 수 있다고 판결했다.

2013년 뉴저지주 Ryan Hart(라이언 하트) 사건[11]은 전 미식축구 선수 하트가 Electronic Arts(EA)가 제작한 비디오 게임에서 자신의 이미지와 비슷한 캐릭터를 사용한 것이 퍼블리시티권 침해라고 주장하며 소송을 제기한 것으로, 미국 제3 순회항소법원은 Hart의 퍼블리시티권이 침해되었다고 판결했다. 법원은 EA가 Hart의 신체적 특징과 미식축구 선수로서의 이미지를 상업적으로 사용한 것이 그의 퍼블리시티권을 침해했다고 보았다.[12] 사실적 재현을 넘어선 변형적(창작적) 표현이 있었다면 저작권법상 예술적 표현으로 EA는 분명 존중받을 여지가 존재했을 것이나 본 사안은 놀랍도록 사실적 재현에 불과했다.

---

11) Hart v. Electronic Arts, Inc.(2013) 717 F.3d 141
12) Ryan Hart는 미국 대학 미식축구 리그(NCAA)에서 활약했던 전직 미식축구 선수로 Electronic Arts(EA)의 "NCAA Football"이라는 비디오 게임 시리즈는 실제 대학 선수들과 매우 유사한 가상의 선수들이 등장한다. 게임 속 캐릭터들은 실제 선수들의 신체적 특성, 플레이 스타일, 그리고 경기장에서의 활동을 모방하여 만들어졌는데 EA는 게임이 예술적 표현의 일환으로서 보호받아야 하며, 수정헌법 제1조(First Amendment)에 의해 보호된다고 주장했다. 반면, Hart는 자신의 퍼블리시티권이 침해되었다며, 자신의 이미지도 보호받아야 한다고 주장했다. 법원이 판단한 결과 EA의 게임이 실제 선수들의 신체적 특성과 경기 스타일을 너무 정확하게 재현하고 있고 EA의 표현이 충분히 변형적이지 않으며 게임 속 캐릭터가 Hart의 신체적 특징과 플레이 스타일을 거의 그대로 모방하고 있어, 이는 단순히 사실적 재현에 불과하였다.

제6장

아이스하키

제6장 아이스하키

제1절 아이스하키와 사건

1. NHL과 파업

NHL(National Hockey League)은 특히 북부 지역과 캐나다 접경 지역에서 인기가 높다. 겨울 스포츠라는 특성 때문에 다른 스포츠에 비해 제한된 팬층을 가지고 있지만, 여전히 주요한 스포츠로 미국에서 인기가 높다. 미국 아이스하키와 관련된 가장 유명한 분쟁 사례 중 하나는 NHL 선수 파업(NHL Lockout) 사건들이 대표적이다. 이 사건들은 주로 리그와 선수들 간의 단체 교섭 협상(CBA)에서의 갈등으로 인해 발생했으며, 리그 운영에 큰 영향을 미쳤다.

(1) 1994-1995 NHL Lockout

1994-1995 시즌의 NHL Lockout은 리그 역사상 첫 번째 파업이었다. 주요 갈등은 연봉 상한제(Salary Cap)를 도입하려는 NHL의 계획과, 선수들의 강한 반대 사이에서 발생했다. 이 파업으로 인해 1994-1995 시즌은 절반 정도로 단축되었으며, 48경기만 진행되었다. 최종적으로 연봉 상한제 도입은 보류되었지만, 선수들의 연봉을 제한하는 다른 규제들이 도입되었다.

(2) 2004-2005 NHL Lockout

2004-2005 NHL Lockout은 NHL 역사상 가장 파괴적인 분쟁 중 하나로, 시즌 전체가 취소된 사건이다. 리그는 지속 가능한 경제 구조를 만들기 위해 연봉 상한제를 강력히 추진했으나 선수 협회(NHLPA)는 이를 받아들이지 않았다.

2004-2005 시즌은 취소되었고, 이는 북미 주요 프로 스포츠 리그 중 첫 번째 시즌 전체가 취소된 사례가 되었다. 결국 양측은 합의에 도달했으며, 연봉 상한제가 도입되었고, 이는 이후의 NHL 운영에 큰 변화를 가져왔다.

(3) 2012-2013 NHL Lockout

2012-2013 시즌의 NHL Lockout은 리그와 선수들 간의 수익 분배에 대한 갈등에서 발생했다. 리그는 선수들에게 더 적은 수익을 배분하려 했고, 이로 인해 협상이 결렬되었다. 이 파업으로 인해 시즌은 단축되었으며, 82경기 중 48경기만 치러졌다. 최종적으로는 새로운 단체 교섭 협약이 체결되었고, 양측은 수익 분배에서 중간 지점을 찾았다.

(4) 분쟁의 영향

NHL Lockout 사건들은 리그의 경제 구조와 운영 방식에 큰 영향을 미쳤는데 각 파업은 리그의 수익 모델을 재조정하고, 선수와 리그 간의 관계를 변화시키는 중요한 계기가 되었다. 또한, 이러한 분쟁들은 팬들 사이에서 실망을 초래했으며, 리그의 인기를 단기간 동안 약화시키기도 했다.

2. 선수 안전사고

아이스하키와 관련하여 경기 중 폭력적인 행위에 대한 징계 문제, 헬멧 착용 규정, 뇌진탕 관리 등과 관련된 분쟁이 지속적으로 논의되었으나 법원에 소송까지 온 사건은 극히 소수이다. 또한 특정 선수와 팀 간의 계약 협상에서 발생하는 분쟁도 일반적이다. 이는 종종 연봉, 계약 기간, 보너스 지급 등과 관련된 문제로 이어진다. 미국 아이스하키와 관련된 사고 판례 중 하나로 유명한 사례는 'Moore v. Bertuzzi and Orca Bay Hockey Limited Partnership' 사건으로 이 사건은 2004년 NHL 경기 중 발생한 폭력적인 충돌로 인해 큰 법적 분쟁으로 이어졌다.

2004년 3월 8일, NHL 경기에서 밴쿠버 커넉스(Vancouver Canucks) 소속의 토드 버투치(Todd Bertuzzi) 선수가 콜로라도 애벌랜치(Colorado Avalanche) 소속의 스티브 무어(Steve Moore)에게 의도적으로 폭력적인 공격을 가했다. 버투치는 경기 도중 무어의 뒤에서 그를 가격하여, 무어가 얼음에 머리를 부딪치면서 심각한 부상을 입었다. 이 공격으로 무어는 목이 부러지고, 뇌진탕, 얼굴 골절 등의 심각한 부상을 당했다. 무어는 이 부상으로 인해 경력을 마감해야 했다.

스티브 무어는 이 사건 이후 토드 버투치와 밴쿠버 커넉스의 모기업인 Orca Bay Hockey Limited Partnership을 상대로 소송을 제기했다. 무어는 버투치의 공격이 고의적이고 악의적인 행동이었으며, 그의 경력을 파괴했다고 주장했다. 그는 또한 밴쿠버 커넉스가 이 사건에 대한 책임을 져야 한다고 주장했다.

버투치와 그의 팀은 무어의 주장을 부인했지만, 이 사건은 캐나다 법원으로 넘어가며 장기간 법적 분쟁으로 이어졌다. 사건의 심각성과 폭력성 때문에 이 사건은 NHL 역사상 가장 논란이 많은 사건 중 하나로 남아 있다.

  2014년, 이 사건은 결국 양측이 법정 밖에서 합의함으로써 종결되었다. 합의의 구체적인 조건은 공개되지 않았으나, 무어는 상당한 금액의 보상을 받은 것으로 알려져 있다.

  이 사건은 NHL이 경기 중 폭력에 대한 규제를 강화하는 계기가 되었다. NHL은 이후 선수 안전과 폭력 예방을 위한 다양한 규정을 도입하고, 폭력적인 행위에 대한 징계 수위를 높였다. 이 사건은 선수들의 안전 문제에 대한 경각심을 불러일으켰고, 아이스하키에서의 폭력 문제를 둘러싼 논의가 활발해지는 계기가 되었다.

  이 사건은 경기 중 폭력 행위가 법적 책임을 초래할 수 있음을 보여 준 중요한 사례로, 선수와 팀 모두가 경기 중 행위에 대해 보다 신중해야 한다는 교훈을 남겼다.

미국 아이스하키 리그

미국의 아이스하키 리그는 주로 내셔널 하키 리그(NHL, National Hockey League)를 중심으로 이루어져 있다. NHL은 북미에서 가장 높은 수준의 프로 아이스하키 리그이며, 미국과 캐나다를 포함한 여러 팀들이 참여하고 있다.

1. 내셔널 하키 리그(NHL)
NHL은 북미 지역에서 가장 권위 있는 프로 아이스하키 리그이다.

1917년에 설립된 이 리그는 전 세계에서 가장 인지도 높은 아이스하키 리그로, 많은 팬과 선수들이 참가하고 있다.

NHL은 현재 32개의 팀으로 구성되어 있으며, 그중 25개 팀이 미국에, 7개 팀이 캐나다에 위치하고 있다. 미국 내 주요 팀으로는 뉴욕 레인저스, 시카고 블랙호크스, 보스턴 브루인스, 로스앤젤레스 킹스, 탬파베이 라이트닝 등이 있다.

NHL의 정규 시즌은 매년 10월에 시작하여 이듬해 4월까지 진행된다. 정규 시즌이 끝나면 각 디비전의 상위 팀들이 플레이오프에 진출하며, 최종적으로 스탠리 컵(Stanley Cup) 챔피언을 결정한다. NHL은 북미에서 매우 높은 인기를 누리고 있으며, 특히 미국과 캐나다에서 겨울 스포츠의 대표적인 리그로 자리 잡고 있다. 스탠리 컵은 아이스하키에서 가장 권위 있는 트로피로 여겨진다.

2. 아메리칸 하키 리그(AHL)

AHL은 NHL의 하위 리그로, 주로 선수들이 NHL에 진출하기 전에 경험을 쌓는 무대로 활용된다. AHL 팀들은 종종 NHL 팀들과 제휴를 맺고 있어, 유망한 선수들이 AHL에서 활약하며 실력을 쌓은 후 NHL로 승격되기도 한다. AHL은 31개 팀으로 구성되어 있으며, 그중 대부분이 미국에 위치하고 있다. AHL은 선수 개발을 주요 목표로 하고 있으며, 코칭 스태프와 심판들도 이 리그를 통해 경험을 쌓고 상위 리그로 진출하는 경우가 많다.

3. 이스트 코스트 하키 리그(ECHL)

ECHL은 AHL보다 한 단계 아래에 있는 하위 리그로, NHL과 AHL의 선수 개발 시스템의 일부로 기능한다. ECHL은 주로 젊은 선수들이 프로로서의 경험을 쌓기 위해 참가하는 리그이다. ECHL은 약 26개의 팀으로 구성되어 있으며, 미국과 캐나다에서 활동하고 있다. ECHL은 선수들이 AHL 또는 NHL로 승격될 수 있도록 돕는 역할을 한다. 많은 젊은 선수들이 이 리그에서 경험을 쌓고, 상위 리그로 진출하게 된다.

4. 대학 및 고등학교 아이스하키

(1) NCAA 아이스하키: 미국에서는 대학 아이스하키도 매우 중요한 역할을 한다. NCAA 디비전 I, II, III에서 많은 대학 팀들이 경쟁하며, 많은 NHL 선수들이 대학 리그를 통해 성장한다.

(2) 고등학교 리그: 고등학교 리그는 주로 지역 단위로 운영되며, 아이스하키 인프라가 잘 갖추어진 북부 지역에서 특히 인기가 높다.

5. 여성 아이스하키 리그

NWHL(National Women's Hockey League): 미국에서 활동하는 주요 여성 아이스하키 리그로, 여성 아이스하키의 발전을 위해 노력하고 있다. 여성 선수들도 점차 더 많은 기회를 얻고 있으며, 국제대회에서도 높은 성과를 내고 있다.

제2절 아이스하키와 법

1. 노동법 및 단체 교섭(Labor Law and Collective Bargaining), 노동관계법(National Labor Relations Act, NLRA)

이 법은 노동자들이 단체로 교섭할 권리를 보호하며, 미국 내 대부분의 스포츠 리그에서 단체 협약(CBA)을 통해 선수와 리그 간의 관계를 규율하는 데 사용된다. NHL 선수 협회(NHLPA)와 NHL은 이 법에 따라 단체 교섭을 통해 계약을 체결하며, 노동 조건, 연봉, 근무 환경 등을 협상한다.

2. 반독점법(Antitrust Law)

셔먼 반독점법(Sherman Antitrust Act)은 시장에서의 경쟁을 보호하기 위해 독점적 행위를 금지한다. 미국 프로 스포츠 리그는 종종 이 법의 적용을 받으며, 리그와 팀 간의 협력이 시장 경쟁을 제한하는지가 법적 논쟁의 대상이 될 수 있다. 예를 들어, 리그의 특정 규정이나 계약이 반독점법에 위배되는지에 따른 법적 분쟁이 발생할 수 있다.

3. 스포츠 에이전트 책임 및 신뢰법(Sports Agent Responsibility and Trust Act, SPARTA)

이 법은 스포츠 에이전트가 선수들과의 관계에서 부정직하거나 기만적인 행위를 하지 않도록 규제한다. 에이전트가 선수와의 계약을 체결할 때 이 법을 준수해야 한다.

4. 선수 안전 및 건강(Player Safety and Health) 관련 기관 준수 법령들

(1) OSHA(Occupational Safety and Health Administration)

이 기관은 작업장 안전을 규제하며, 스포츠 환경에서도 적용된다. 특히, 경기 중 발생할 수 있는 부상, 예를 들어 뇌진탕과 같은 심각한 부상과 관련하여, 리그와 팀은 선수의 안전을 보장할 책임이 있게 된다. 특히 산과 슬로프 등 겨울스포츠의 안전성을 확인할 필요가 존재한다.

(2) NHL의 플레이어 안전 규정

NHL 자체적으로 선수 안전을 위한 규정을 가지고 있으며, 경기 중 부상 예방 및 대응 절차를 규정한다. 이 규정들은 선수들이 안전하게 경기를 할 수 있도록 보장하는 데 중점을 둔다.

5. 기타

그 밖에 계약법(Contract Law), 스포츠 선수와 팀 간의 계약, 광고 및 스폰서십 계약, 방송 권리 계약 등은 모두 계약법의 적용을 받는다. 이 법률들은 선수의 권리, 의무, 보상 등을 규정하며, 계약 위반 시의 법적 대응 방법도 포함된다. 또한 저작권 및 상표법(Copyright and Trademark Law)도 적용된다. 경기 방송, 팀 로고, 상표, 아이스하키 관련 제품 등의 지적재산권 보호를 규제하며 팀 로고와 같은 지적 재산을 보호하고 상업적 사용을 관리한다. 상표법(Lanham Act)은 팀 이름, 로고, 기타 브랜드 자산을 보호하며, 무단 사용이나 상표권 침해에 대응할 수 있는 법적 근거를 제공한다. 민권법(Civil Rights Law) 제9조(Title IX)는 특히 학교와 대학에서 여성과 남성에게 동등한 스포츠 기회를 제공하도록 요구하는 법이다. 이 법은 여성 아이스하키 프로그램의 존재와 발전에 중요한 역할을 한다. 도핑 규제(Anti-Doping Regulations)와 관련해서 세계반도핑기구(World Anti-Doping Agency, WADA) 및 미국반도핑기구(US Anti-Doping Agency, USADA)와 같은 기구들은 선수들의 약물 사용을 모니터링하며, 도핑 방지 규정을 시행한다. NHL은 도핑 방지를 위해 이러한 규정을 준수해야 한다.

미국 아이스하키의 최근 문제

1. 뇌진탕 및 선수 안전

(1) 뇌진탕 및 CTE 문제: 뇌진탕과 관련된 선수들의 건강 문제는 여전히 큰 이슈이다. 과거와 달리, 최근에는 뇌진탕이 장기적으로 선수들의 건강에 미치는 영향에 대해 더 많은 연구가 이루어지고 있으며, 만성 외상성 뇌병증(CTE)과 같은 질환이 심각한 문제로 떠오르고 있다. 이러한 건강 문제들은 선수들의 은퇴 후 삶에까지 영향을 미치고 있으며, NHL은 이에 대한 대응책을 강화해야 한다는 압력을 받고 있다.

(2) 안전 장비와 규정 강화: 선수들의 안전을 보장하기 위해 헬멧과 보호 장비의 기준을 강화하고, 폭력적이고 위험한 플레이에 대한 징계를 강화하는 등의 노력이 계속되고 있다.

2. 코로나19 팬데믹의 영향 지속
(1) 경기 일정과 운영: 코로나19 팬데믹은 NHL을 포함한 모든 스포츠 리그에 큰 영향을 미쳤다. 경기 일정의 변경, 시즌 단축, 경기장 관중 제한 등이 이루어졌으며, 이는 리그의 수익에 큰 타격을 입혔다. 팬들이 경기장을 찾지 못하거나, 경기장 내 제한된 인원만 입장할 수 있게 되면서 팀과 리그의 재정적 부담이 증가했다.
(2) 선수의 건강과 안전: 팬데믹 상황에서 선수들의 건강과 안전을 보장하기 위한 규정과 프로토콜이 중요해졌으며, 이는 리그 운영에 많은 도전 과제를 안겨 주었다.

3. 인종적 다양성과 사회 정의 문제
(1) 다양성 부족: NHL은 다른 주요 스포츠 리그에 비해 인종적 다양성이 부족하다는 비판을 받고 있다. 특히 흑인 선수와 코치, 그리고 고위직 관리자의 비율이 낮다는 점이 지적되고 있으며, 리그는 이러한 문제를 해결하기 위한 노력을 강화하고 있다.
(2) 사회 정의 운동: 최근 몇 년간 미국 전역에서 사회 정의와 인종적 평등에 대한 논의가 활발해지면서, NHL 선수들도 이러한 운동에 동참하고 있다. 리그는 인종차별 문제를 해결하고, 더 포용적인 환경을 만들기 위한 정책을 추진하고 있다.

4. 재정적 도전

(1) 리그의 재정적 안정성: 팬데믹으로 인해 리그와 팀들은 재정적 어려움에 직면했다. 경기 일정의 축소, 관중 입장 제한, 스폰서십 감소 등이 리그 수익에 큰 타격을 주었다. 리그는 장기적인 재정적 안정성을 확보하기 위해 새로운 수익 창출 모델을 모색하고 있다.

(2) 선수 연봉과 샐러리 캡 문제: 선수 연봉의 상승과 샐러리 캡(연봉 상한제) 관리가 중요한 이슈로 자리 잡고 있다. 특히, 코로나19로 인한 재정적 압박 속에서 샐러리 캡을 어떻게 조정할 것인가에 대한 논의가 계속되고 있다.

5. 환경 문제

기후 변화는 NHL을 비롯한 아이스하키 리그에도 영향을 미치고 있다. 경기장 내 빙상 관리가 어려워지거나, 야외 경기의 경우 날씨 변화로 인해 경기가 취소될 위험이 높아지고 있다. NHL은 환경 지속 가능성을 위해 에너지 사용 효율을 높이고, 탄소 발자국을 줄이는 노력을 하고 있다.

6. 리그 확장과 팀 재배치

NHL은 최근 몇 년간 리그를 확장하고 새로운 팀을 창단했으며, 일부 팀들은 다른 도시로 재배치되었다. 이러한 확장은 리그의 성장과 수익 증대에 기여하지만, 새로운 시장에서의 성공 여부와 기존 시장에서의 영향력 약화 등이 고민거리로 남아 있다.

제7장
혼합격투기(MMA)

제7장 혼합격투기(MMA)

제1절 혼합격투기와 사건

1. UFC(Ultimate Fighting Championship)의 합법화

UFC 205는 2016년 11월 12일 뉴욕시의 매디슨 스퀘어 가든(Madison Square Garden)에서 개최된 이벤트로, UFC의 역사에서 중요한 전환점을 이룬 대회이다. 이 이벤트는 뉴욕주에서 MMA가 합법화된 후 열리는 첫 번째 UFC 이벤트였으며, 여러 가지 의미에서 역사적인 밤으로 기록되었다.

(1) 뉴욕주에서의 MMA 합법화

1997년, 뉴욕주는 프로 MMA 경기를 금지하는 법안을 통과시켰다. 이로 인해 뉴욕주는 미국에서 MMA를 허용하지 않는 마지막 주 중 하나로 남게 되었다. 이 금지는 주 내에서 MMA 이벤트를 개최하려는 시도를 오랜 시간 동안 좌절시켰다.

UFC는 뉴욕주에서 MMA를 합법화하기 위해 오랜 기간 로비 활동을 벌였다. 그들은 MMA가 더 이상 초기의 무규칙 격투기와 같지 않으며, 현대적인 규칙과 선수 보호 장치를 갖춘 스포츠로 발전했음을 강조했다. UFC는 뉴욕주의 경기장을 활용할 수 있기를 원했고, 특히 매디슨 스퀘어 가든과 같은 역사적인 장소에서 이벤트를 열고자 했다.

2016년 3월 22일, 뉴욕주 의회는 프로 MMA 경기를 합법화하는 법안을 통과시켰다. 당시 뉴욕 주지사였던 앤드루 쿠오모는 이 법안에 서명했고, 뉴욕주에서의 MMA 경기가 공식적으로 허용되었다.

(2) UFC 205의 중요성

UFC 205는 뉴욕주에서 개최된 첫 번째 UFC 이벤트였으며, 특히 매디슨 스퀘어 가든에서 열리는 첫 MMA 이벤트로 큰 주목을 받았다. 매디슨 스퀘어 가든은 복싱, 프로레슬링, 콘서트 등 다양한 대형 이벤트가 열리는 전통적인 장소로, UFC가 이곳에서 이벤트를 개최하는 것은 UFC의 역사에서 중요한 이정표로 여겨졌다. UFC는 뉴욕 이벤트의 중요성을 감안해, UFC 205를 위해 역대 최고의 경기 라인업을 준비했다. 이 대회에서는 세 개의 타이틀 매치가 열렸으며, UFC 팬들에게 큰 기대를 불러일으켰다.

1) 주요 경기 및 결과

① 메인 이벤트: 코너 맥그리거 vs. 에디 알바레즈

② 경기 내용: 이 대회에서 가장 주목받은 경기는 UFC 라이트급 챔피언십 경기로, 코너 맥그리거(Conor McGregor)가 에디 알바레즈(Eddie Alvarez)를 상대로 도전했다. 맥그리거는 이미 페더급 챔피언 타이틀을 보유하고 있었으며, 이 경기에서 승리함으로써 UFC 역사상 최초로 두 체급에서 동시에 챔피언 타이틀을 보유한 선수가 되겠다는 목표를 가지고 있었다. 맥그리거는 알바레즈를 2라운드 TKO로 꺾고 라이트급 챔피언 타이틀을 획득했다. 이로써 맥그리거는 UFC 역사상 최초로 두 체급 챔피언이 되는 업적을 달성했다.

▶ 타이론 우들리 vs. 스티븐 톰슨

UFC 웰터급 챔피언 타이론 우들리(Tyron Woodley)가 도전자 스티븐 톰슨(Stephen 'Wonderboy' Thompson)과 맞붙었다. 이 경기는 5라운드까지 진행된 후, 심판 판정 결과 다수결 무승부로 끝났다. 우들리는 타이틀을 유지하게 되었다.

▶ 요안나 옌제이치크 vs. 카롤리나 코발키비츠

UFC 여성 스트로급 챔피언 요안나 옌제이치크(Joanna Jędrzejczyk)가 동유럽 출신의 도전자 카롤리나 코발키비츠(Karolina Kowalkiewicz)를 상대했다. 요안나는 5라운드 만에 판정 승리를 거두고 타이틀을 방어했다.

UFC 205는 UFC의 글로벌 성장을 의미하며 뉴욕에서의 성공적인 이벤트 개최가 이를 더 촉진했다. 이후 UFC는 뉴욕주에서 정기적으로 대형 이벤트를 개최하게 되었으며, 매디슨 스퀘어 가든은 UFC의 주요 개최 장소 중 하나로 자리 잡았다. UFC 205는 뉴욕주에서의 MMA 합법화 이후 개최된 첫 번째 대형 MMA 이벤트로, 스포츠 역사에서 중요한 의미를 지닌 대회로 기억되었다.

혼합격투기 리그 현황

1. UFC(Ultimate Fighting Championship)
설립: 1993년
본부: 미국, 네바다주 라스베이거스

현황: UFC는 세계에서 가장 큰 MMA 조직이며, MMA의 대명사로 여겨질 정도로 큰 영향력을 가지고 있다. UFC는 다양한 체급에서 최고의 선수들이 경쟁하며, 챔피언 타이틀을 놓고 세계적인 관심을 받는 이벤트를 정기적으로 개최하고 있다.

특징: UFC는 다양한 무술 스타일이 결합된 격투기로, 선수들이 케이지 안에서 싸우며, 널리 인정된 MMA 규칙을 따른다. 대형 PPV(유료시청) 이벤트를 통해 전 세계적으로 방영되며, 코너 맥그리거(Conor McGregor), 하빕 누르마고메도프(Khabib Nurmagomedov) 등 유명 선수들이 UFC를 통해 명성을 얻었다.

중요 이벤트: UFC Fight Night, UFC PPV 이벤트, The Ultimate Fighter(TUF) 리얼리티 쇼 등이 있으며, 매년 다양한 국가에서 대형 이벤트를 개최한다.

2. Bellator MMA

설립: 2008년

본부: 미국, 캘리포니아주 산타모니카

현황: Bellator MMA는 UFC에 이어 두 번째로 큰 MMA 리그로, 다양한 글로벌 이벤트를 개최하며 인기를 얻고 있다. Bellator는 유명 선수뿐만 아니라 신인들에게도 기회를 주며, 그들만의 토너먼트 스타일로 많은 팬을 확보하고 있다.

특징: Bellator는 UFC와 마찬가지로 다양한 체급에서 경쟁이 이루어지며, Bellator만의 토너먼트 형식을 통해 챔피언을 결정하는 방식이 독특하다. Fedor Emelianenko, Patricio 'Pitbull' Freire,

Ryan Bader와 같은 선수들이 이 리그에서 활동했다.

중요 이벤트: Bellator PPV 이벤트, Bellator World Grand Prix 등이 있으며, Bellator는 미국 외에도 유럽과 아시아에서 이벤트를 개최하고 있다.

3. ONE Championship

설립: 2011년

본부: 싱가포르

현황: ONE Championship은 아시아를 중심으로 활동하는 가장 큰 MMA 리그이다. 이 리그는 MMA뿐만 아니라 무에타이, 킥복싱, 주짓수 등의 다양한 격투 스포츠 이벤트를 개최하며, 아시아 전역에서 인기를 얻고 있다.

특징: ONE Championship은 아시아 문화와 무술의 전통을 강조하며, 존중과 스포츠맨십을 중요한 가치로 삼고 있다. 이 리그는 전 세계적으로 방송되며, Demetrious Johnson, Eddie Alvarez, Angela Lee와 같은 국제적인 스타들이 참여하고 있다.

중요 이벤트: ONE Championship 이벤트는 아시아 주요 도시에서 열리며, 대형 PPV 이벤트도 정기적으로 개최된다.

4. PFL(Professional Fighters League)

설립: 2018년

본부: 미국, 워싱턴 D. C.

현황: PFL은 독특한 리그 형식으로 주목받고 있는 신생 MMA

리그이다. 리그는 시즌제로 운영되며, 선수들이 정규 시즌, 플레이오프, 챔피언십을 통해 경쟁한다.

특징: PFL은 MMA 리그 중에서도 특별히 시즌제로 운영되며, 각 체급별로 정규 시즌을 통해 점수를 쌓고, 플레이오프를 거쳐 챔피언을 결정한다. 우승자에게는 100만 달러의 상금이 수여된다.

중요 이벤트: PFL 챔피언십, PFL 정규 시즌 경기 등이 있으며, 이 리그는 ESPN을 통해 방송된다.

5. RIZIN Fighting Federation

설립: 2015년

본부: 일본, 도쿄

현황: RIZIN은 일본을 기반으로 한 MMA 리그로, 과거 PRIDE FC의 전통을 이어 가고 있다. RIZIN은 종종 일본 전통과 현대적인 MMA의 결합을 보여 주는 이벤트를 개최한다.

특징: RIZIN은 일본에서 개최되며, MMA뿐만 아니라 킥복싱, 프로레슬링 요소도 포함한 독특한 이벤트를 개최한다. Fedor Emelianenko, Floyd Mayweather Jr. 등 세계적인 스타들이 참여한 적이 있다.

중요 이벤트: RIZIN World Grand Prix, RIZIN FF 이벤트 등이 있으며, 일본에서 주로 대형 이벤트를 개최한다.

6. Invicta FC

설립: 2012년

본부: 미국, 캔자스시티

현황: Invicta FC는 여성 MMA 선수들을 위한 리그로, 여성 격투기의 발전에 기여하고 있다. 이 리그는 여성 격투기에서 최고의 선수들을 배출하는 중요한 플랫폼이다.

특징: Invicta FC는 여성만이 참여하는 리그로, 다양한 체급에서 최고의 여성 선수들이 경쟁한다. 이 리그는 UFC와 파트너십을 맺고 있으며, 많은 Invicta FC 출신 선수들이 UFC에서 활동하고 있다.

중요 이벤트: Invicta FC 이벤트는 정기적으로 개최되며, 여성 MMA 선수들의 경쟁을 중심으로 진행된다.

2. 선수의 이적 요청 분쟁

　법원의 판결까지 간 것은 아니지만 기사화되었던 사건 중에 에디 알바레즈라는 파이터의 계약 분쟁이 있다. Bellator MMA vs. Eddie Alvarez 라고도 할 수 있는데 법원 판결까지 나온 것은 아니다.

　에디 알바레즈는 Bellator MMA에서 활동하던 인기 있는 MMA 파이터였다. 그는 Bellator에서 라이트급 챔피언 타이틀을 보유하고 있었으며, 그의 실력과 명성은 UFC와 같은 더 큰 무대에서 경기를 펼칠 수 있는 기회를 얻기 위한 중요한 요소였다. 2012년, 알바레즈의 Bellator와의 계약이 종료되었고, 그는 UFC와 계약을 체결하려고 했다. 그러나 Bellator는 그의 계약 조건에 따라 우선권(Match Clause)을 행사할 수 있었고, 이에 따라 UFC의 제안을 동일하게 맞추겠다고 주장했다. 알바레즈는 Bellator의 계약 조건이 UFC의 제안과 동등하지 않다고 주장하며, 법적 분쟁이 발생했다. 이 사건은 법적 소송으로 이어졌으며, 양측은 계약 조건의 해석을 둘러싸고 법정에서 다투었다. 알바레즈는 UFC로 이적하기 위해 자유롭게 움직일 수 있기를 원했지만, Bellator는 그를 계속해서 자사 리그에 묶어 두려 했다.

결국 2013년에 양측은 합의에 도달하여 분쟁을 해결했다. 합의의 구체적인 조건은 공개되지 않았지만, 알바레즈는 2013년에 Bellator에서 몇 차례 경기를 치른 후, 2014년에 UFC로 이적할 수 있게 되었다. 알바레즈는 UFC에서 큰 성공을 거두었으며, 2016년에는 UFC 라이트급 챔피언 타이틀을 획득하기도 했다.

이 사건은 MMA에서 선수 계약의 구속력과 이적 자유를 둘러싼 중요한 사례로, MMA 프로모션과 선수 간의 계약 관계에서 발생할 수 있는 법적 문제들을 잘 보여 준다. 특히, Bellator와 UFC 간의 경쟁 속에서 선수들이 자신의 경력을 어떻게 관리할 수 있는지를 둘러싼 논쟁의 대표적인 예로 남아 있다.

3. 선수의 계약 조건 추가 분쟁

Randy Couture vs. UFC(2007) 사건은 공식적인 법적 소송으로 이어지지는 않았지만, MMA 역사에서 중요한 계약 분쟁으로 기록되었던 사건이다. 랜디 커투어(Randy Couture)는 UFC에서 가장 유명한 파이터 중 한 명으로, 여러 체급에서 챔피언 타이틀을 획득한 전설적인 선수이다. 2007년, 그는 UFC에서 헤비급 챔피언 타이틀을 보유한 상태였으나, UFC와의 계약 문제로 인해 갑작스럽게 은퇴를 발표했다. 커투어는 UFC와의 계약 조건, 특히 자신에게 지급되는 보상과 UFC의 파이터 관리 방식에 불만을 표시했다. 그는 UFC가 자신에게 약속한 금액을 충분히 지급하지 않았다고 주장했으며, UFC가 PRIDE FC와의 경쟁을 위해 파이터들에게 불공정한 조건을 강요한다고 비판했다.

랜디 커투어는 UFC의 모회사인 Zuffa, LLC와의 계약 조건에 불만을 갖고, 자신의 계약을 무효화하려고 했다. 그는 UFC를 떠나 다른 리그에서 경쟁하기를 원했지만, UFC는 그가 여전히 계약상 의무가 있다고 주장하며, 그를 다른 프로모션에서 싸우지 못하게 했다.

이 분쟁은 공식적인 법정 싸움으로 이어지지는 않았지만, 커투어는 UFC와의 협상에서 자유를 얻기 위해 여러 법적 옵션을 고려했다. UFC는 커투어가 계약을 위반할 경우 법적 조치를 취할 준비가 되어 있음을 분명히 했다.

결국, 커투어는 2008년에 UFC로 복귀하여 계약 문제를 해결했고, UFC 91에서 브록 레스너(Brock Lesnar)를 상대로 헤비급 타이틀 방어전을 치렀다. 이 복귀는 UFC와 커투어 간의 분쟁이 해결되었음을 의미했으며, 양측은 법적 소송 없이 협상을 통해 문제를 해결했다.

이 사건은 MMA 역사에서 선수와 프로모션 간의 계약 논쟁이 얼마나 복잡하고 중요한지를 보여 줬는데 커투어는 UFC에서 가장 큰 스타 중 한 명이었기 때문에, 그의 계약 분쟁은 많은 관심을 받았다. 이 사건은 선수들이 자신의 계약 조건에 대해 더 많은 권리를 요구하고, 계약 내용이 공정하게 집행될 필요가 있다는 논의를 촉발했다.

4. 은퇴 선언과 계약의 구속력, Ken Shamrock vs. Zuffa, LLC(2008)

Ken Shamrock vs. Zuffa, LLC(2008) 사건은 켄 샤록(Ken Shamrock)

과 UFC의 모회사인 Zuffa, LLC 간의 법적 분쟁으로, 계약 위반을 둘러싼 중요한 MMA 관련 법적 사례 중 하나이다. 켄 샴록은 초기 UFC의 대표적인 파이터 중 한 명으로, 그의 명성은 MMA의 발전에 큰 영향을 미쳤다. 2006년, 켄 샴록은 UFC에서 또 다른 유명 파이터인 티토 오티즈(Tito Ortiz)와의 삼부작 경기(세 번의 경기)를 치렀다. 이 경기는 큰 관심을 받았고, 샴록은 그중 두 경기를 패배했다.

2006년 10월에 열린 마지막 경기에서 패배한 후, 켄 샴록은 은퇴를 선언했다. 그러나 이후 샴록은 계약상의 의무를 다하지 않았다는 이유로 UFC를 상대로 소송을 제기하게 되었다.

2008년, 켄 샴록은 Zuffa, LLC를 상대로 계약 위반 소송을 제기했다. 샴록은 UFC와의 계약이 아직 유효하며, UFC가 그를 고용할 의무를 다하지 않았다고 주장했다. 반면, UFC 측은 샴록이 은퇴를 선언함으로써 계약이 무효화되었고, UFC는 더 이상 그를 고용할 의무가 없다고 반박했다.

법원은 UFC의 손을 들어 주었는데 법원은 샴록이 공식적으로 은퇴를 선언했기 때문에 UFC와의 계약이 더 이상 유효하지 않다고 판결했다. 샴록이 계약상의 의무를 이행할 수 없게 되었기 때문에 UFC는 그와의 계약을 종료할 권리가 있다고 판단되었다.

이 사건은 MMA와 같은 스포츠에서 계약의 구속력이 얼마나 중요한지를 보여 준다. 선수들이 은퇴를 선언하거나 계약을 위반할 경우, 계약이 어떻게 해석되고 법적으로 어떤 결과를 초래할 수 있는지를 잘 보여 주는 것이다. 샴록의 은퇴 선언이 계약을 무효화하는 중요한 요소로 작용한 이 사건은, 선수들이 자신의 경력과 계약 상태를 어떻게 관리해야 하는지에 대해 중요한 교훈을 제공하게 해 주었다. 은퇴 선언이 계약의 이행 거절이 됨으로써 계약을 상대방이 종료할 권리를 만들었고 결국 샴록은 계약이 해제되고 오히려 모든 손해배상을 해야 하는 상황이 되고 말았다.

5. 마리화나 규제 정책

Nick Diaz vs. Nevada State Athletic Commission(2015) 사건은 실제로 있었던 중요한 사건으로 이 사건은 MMA 파이터 닉 디아즈(Nick Diaz)와 네바다주 체육위원회(NSAC) 간의 법적 분쟁으로, 주로 디아즈의 마리화나 사용과 관련된 징계 문제를 다루었다.

닉 디아즈는 2015년 1월 31일, UFC 183에서 앤더슨 실바(Anderson Silva)와의 경기를 치렀는데 이 경기는 디아즈의 복귀전이었으며, 많은 관심을 받았다. 경기 후 디아즈는 마리화나 사용과 관련된 약물 검사에서 양성 반응을 보였다. 이것은 디아즈가 NSAC의 약물 검사에서 마리화나 양성 반응을 보인 세 번째 사례였다.

NSAC는 디아즈의 반복적인 마리화나 사용을 심각하게 받아들였고, 2015년 9월에 디아즈에게 다음과 같은 징계를 부과했다. 디아즈는 5년 동안 MMA 경기에 출전할 수 없게 되었고 벌금 165,000달러를 부과받아 디아즈는 그의 경기료 중 일부를 벌금으로 지불해야 했다. 이 징계는 매우 엄격한 것으로 평가되었으며, 특히 마리화나 사용에 대한 처벌이 과도하다는 비판이 제기되었다. 많은 MMA 팬들과 관계자들은 디아즈에게 부과된 징계가 불공정하다고 생각했으며, 이 사건은 큰 논란을 불러일으켰다.

닉 디아즈와 그의 변호인단은 NSAC의 징계에 이의를 제기했다. 디아즈는 마리화나 사용이 경기력에 영향을 미치지 않았으며, 특히 마리화나가 치료 목적으로 사용되었음을 주장했다. 이 사건은 공정성과 처벌의 일관성에 대한 논란을 불러일으켰다.

2016년 1월, NSAC는 디아즈의 징계를 18개월로 대폭 감경하고, 벌금을 100,000달러로 줄이기로 결정했다. 이 감경된 징계는 2015년 1월 31일, 즉 UFC 183 경기 날짜로 소급 적용되어, 디아즈는 2016년 8월부터 다시 경쟁할 수 있게 되었다.

이 사건은 마리화나 사용에 대한 스포츠 규제와 관련된 중요한 논의를 촉발했다. 특히, 마리화나 사용에 대한 처벌이 다른 약물에 비해 과도하게 엄격한지에 대한 논란이 있었다. 디아즈의 사건은 선수들이 주 체육위원회의 처벌에 이의를 제기할 수 있는 권리와, 공정한 대우를 받을 권리에 대한 중요한 사례로 남아 있다.

제2절 혼합격투기와 법

1. 체육위원회(State Athletic Commissions) 규정

State Athletic Commissions은 미국에서는 MMA 경기를 주별로 규제하는 기관으로 경기의 규칙, 선수의 건강 검사, 도핑 검사, 경기 심판 규정, 안전 기준 등을 설정하고 시행한다. 뉴욕주 체육위원회(NYSAC), 네바다주 체육위원회(NSAC), 캘리포니아주 체육위원회(CSAC) 등이 대표적인 예라고 할 수 있다. 규정 내용으로는 경기 전에 선수들이 신체검사를 받아야 하고, 경기 중에는 의료진이 대기하며, 심판은 경기를 감독하고, 규칙 위반 시 적절한 조치를 취한다. 또한, 경기 후에는 선수들이 추가 검사를 받아야 할 수 있으며, 체육위원회는 경기 결과와 관련된 이의 제기나 논란을 심사할 권한을 가지고 있다.

2. Muhammad Ali Boxing Reform Act (Muhammad Ali Act)

무하마드 알리법이라고 불리는, 원래 복싱을 규제하기 위해 제정되었던 이 법은 주로 프로모터와 선수 간의 계약을 규제하며, 프로모터의 불공정한 관행으로부터 선수를 보호하는 데 중점을 둔다. 이 법은 혼합격투기에도 부분적으로 적용될 수 있으며, 특히 프로모터와의 계약 관계에서 선수들의 권리를 보호하는 데 기여할 수 있다. 몇몇 정치인들과 법률 전문가들은 Muhammad Ali Act를 MMA에도 직접 적용하거나 확장할 필요성이 있음을 제기하고 있다.

Muhammad Ali Boxing Reform Act(Muhammad Ali Act)

무하마드 알리법은 2000년에 미국에서 제정된 연방 법률로, 프로 복싱의 투명성과 공정성을 강화하고, 복서들의 권리를 보호하기 위해 만들어졌다. 이 법은 복서들이 프로모터와의 계약에서 불공정한 대우를 받지 않도록 보호하고, 복싱 산업 내에서의 부패와 착취를 줄이는 것을 목표로 한다.

◼ 주요 내용

1. 계약 투명성 강화
(1) 계약 공개: 프로모터는 복서와 계약을 체결할 때 계약의 모든 조건을 서면으로 명확히 명시해야 한다. 복서가 경기 전에 자신의 계약 조건을 완전히 이해할 수 있도록 보장한다.
(2) 계약 사본 제공: 프로모터는 복서에게 계약 사본을 제공해야 하며, 계약의 모든 변경 사항도 복서에게 서면으로 통보해야 한다.

2. 재정적 투명성
(1) 수익 분배 명시: 프로모터는 복서에게 경기에서 발생하는 수익(티켓 판매, 방송권 등)의 분배 방식을 명확히 공개해야 한다. 복서는 자신이 받을 수익이 어떻게 계산되는지 명확히 이해할 수 있어야 한다.

(2) 재정 보고 의무: 프로모터는 복서에게 경기 후 일정 기간 내에 재정 보고서를 제공해야 하며, 여기에는 경기 수익, 비용, 복서의 수익 분배 내용 등이 포함되어야 한다.

3. 이해 상충 방지
(1) 프로모터와 매니저의 분리: 프로모터가 복서의 매니저 역할을 동시에 수행하는 것을 금지한다. 이는 이해 상충을 방지하고, 복서가 공정한 대우를 받을 수 있도록 하기 위함이다.
(2) 공정한 계약: 복서는 계약 체결 시 프로모터로부터 독립적인 법률 자문을 받을 권리가 있으며, 프로모터는 복서가 법률 자문을 받을 수 있도록 충분한 시간을 제공해야 한다.

4. 경기 성사 과정의 공정성
(1) 랭킹 시스템의 투명성: 복서의 랭킹을 매기는 과정이 공정하고 투명하게 이루어져야 한다. 복서의 랭킹을 결정하는 기구는 독립적으로 운영되어야 하며, 외부의 부당한 영향력을 받지 않아야 한다.
(2) 챔피언십 경기 강제 규정: 챔피언십 경기는 랭킹 상위권 복서들 간에 공정하게 이루어져야 하며, 특정 복서에게 유리하게 성사되지 않아야 한다.

5. 복서 보호
(1) 건강 및 안전: 복서의 건강과 안전을 보호하기 위해 경기 전후에 의료 검진을 받을 수 있도록 규정한다. 또한, 경기 중 부상을 입은

> 복서에 대한 즉각적인 의료 지원을 보장한다.
> (2) 징계 및 제재: 프로모터나 매니저가 법을 위반할 경우, 복서는 주 체육위원회나 법원에 이를 신고할 수 있으며, 위반자는 적절한 징계와 제재를 받을 수 있다.

3. 도핑 방지 규정(Anti-Doping Regulations)

World Anti-Doping Agency(WADA)와 US Anti-Doping Agency(USADA)과 같은 기관은 혼합격투기에서 금지 약물의 사용을 모니터링하고 규제한다. USADA는 특히 UFC와 협력하여 도핑 검사를 수행하고, 금지 약물 사용 시 선수에게 제재를 가한다.

도핑 검사는 경기 전후에 이루어지며, 금지된 약물을 사용한 선수는 경기 실격, 타이틀 박탈, 금전적 벌금, 경기 출전 금지 등의 처벌을 받을 수 있다.

4. 선수 보호 및 안전 규정

각 주의 체육위원회는 선수 보호를 위한 다양한 규정을 시행하고 있다. 여기에 포함되는 내용은 선수의 건강 검사, 경기 중 안전 장비 사용, 심판의 경기 중단 권한 등이 있다. 즉, 케이지 및 링 규격(MMA 경기가 열리는 장소, 즉 케이지 또는 링의 규격, 보호 장비의 조건) 등도 엄격히 규제되는데 이러한 규정은 선수들이 최대한 안전하게 경쟁할 수 있도록 보장한다.

5. 라이선스 및 경기 승인

MMA 선수, 트레이너, 심판, 프로모터는 주 체육위원회에서 발급하는 라이선스를 받아야 한다. 이 라이선스는 정기적으로 갱신해야 하며, 선수의 건강 상태나 법적 문제에 따라 취소될 수 있다. 체육위원회는 각 경기에 대해 사전 승인을 해야 하며, 승인 없이 경기를 개최하는 것은 불법이다. 경기 승인을 위해서는 경기장 안전, 선수 보호, 의료 지원 등 다양한 조건이 충족되어야 한다.

6. 기타

그 밖에 계약법(선수 계약, 스폰서십), 지식재산법, 안전 관련 손해배상 등 다양한 기타 제반 법령이 적용된다. 경기 중 발생한 부상이나 사망 사고에 대해 프로모터, 체육위원회, 기타 관계자가 민사 책임을 지지 않기 위해서는 과실이 있거나 규정을 위반하지 않았음을 증명하여야 한다. 즉, 적절한 선수 보호 조치를 취했음을 증명해야 할 수 있을 것이다.

제8장

스포츠 보험

제8장 스포츠 보험

미국의 스포츠 보험 회사들은 다양한 보험 상품을 통해 스포츠 산업 전반에 걸쳐 중요한 역할을 수행하고 있다. 이들은 선수와 팀, 리그, 그리고 스포츠 이벤트 주최자들이 부상, 재산 손실, 법적 분쟁 등 다양한 리스크에 대비할 수 있도록 돕고 있다. 보험 회사들은 각 스포츠의 특성에 맞춘 맞춤형 보험 상품을 개발하고 있으며, 글로벌 보험 회사들이 미국 시장에서 활발히 활동하고 있다.

제1절 프로 스포츠 보험

1. 선수 보험

(1) 건강 보험

모든 프로 스포츠 리그는 선수들에게 건강 보험을 제공한다. 이 보험은 일반적인 치료, 수술, 재활, 정신 건강 서비스 등을 포함하며, 선수들이 경기 중 또는 훈련 중 부상을 입었을 때 치료 비용을 보장한다.

(2) 장애 보험

많은 프로 선수들은 부상으로 인해 경기에 출전할 수 없을 때를 대비해 장애 보험에 가입한다. 이 보험은 일시적 또는 영구적 장애에 대해 보상하며, 선수들이 부상으로 인해 소득을 잃었을 때 경제적 안정을 제공한다.

(3) 손실 수입 보험

고액 연봉을 받는 선수들은 부상으로 인해 소득이 줄어드는 것을 대비해 손실 수입 보험에 가입한다. 이 보험은 선수들이 부상으로 인해 경기에 출전하지 못할 경우 예상 수입의 일부를 보상한다.

(4) 계약 보증 보험

장기 계약을 맺은 선수들은 계약을 이행하지 못하게 되었을 때 발생하는 손실을 보장받기 위해 계약 보증 보험에 가입한다. 이는 특히 고액 연봉 선수들에게 중요하다.

2. 리그 및 팀 보험

(1) 책임 보험

각 리그와 팀은 선수, 코치, 스태프 등이 부상을 당하거나 법적 분쟁에 휘말렸을 때 대비해 책임 보험에 가입한다. 이 보험은 법적 비용과 배상금을 보장한다.

(2) 재산 보험

팀과 리그는 경기장, 훈련 시설, 장비 등을 보호하기 위해 재산 보험에 가입한다. 이 보험은 화재, 도난, 자연재해 등으로 인한 손실을 보상한다.

3. 대학 스포츠 보험

(1) 건강 보험

NCAA는 대학 스포츠 선수들에게 기본적인 건강 보험을 제공하며, 대학이나 선수 개인이 추가적인 보험에 가입할 수 있다.

(2) 장애 보험

NCAA는 상위 대학 선수들에게 부상으로 인해 프로로 진출하지 못하게 될 경우를 대비한 장애 보험을 제공한다. 이 보험은 선수들이 부상으로 인해 프로 경력을 잃을 경우 경제적 보상을 받도록 한다.

(3) 캣스트로피 보험

캣스트로피(Catastrophe)는 재앙, 참사, 또는 큰 불행이란 의미로 NCAA는 심각한 부상이나 질병으로 인해 발생할 수 있는 막대한 의료 비용을 보장하기 위해 대규모 손해보험을 제공한다. 이 보험은 일정 수준 이상의 치료 비용이 발생할 경우, 해당 비용을 보상한다.

제2절 아마추어 및 청소년 스포츠 보험

1. 단체 보험

대부분의 청소년 스포츠 리그는 참가자들이 부상을 입었을 때를 대비해 단체 보험에 가입한다. 이 보험은 경기나 훈련 중 발생한 부상에 대한 치료비를 보상한다.

2. 책임 보험

청소년 스포츠 리그는 또한 책임 보험에 가입하여, 경기 중 발생할 수 있는 법적 분쟁에 대비한다. 이는 리그 주최자나 코치가 부주의로 인해 발생한 사고에 대한 책임을 덜어 주는 역할을 한다.

3. 학교 및 커뮤니티 프로그램 보험

(1) 학생 스포츠 보험
많은 학교와 커뮤니티 프로그램은 학생들에게 스포츠 활동 중 발생할 수 있는 부상을 대비해 보험을 제공한다. 이는 학교 스포츠 프로그램에 참여하는 학생들의 안전을 보장하는 중요한 요소이다.

(2) 부모 선택 보험
부모들은 자녀가 참여하는 스포츠에 추가적인 보험을 선택할 수 있으며, 미국에서는 안내문을 통해 가정에서 이는 기본적인 학교나 리그 보험 외에 추가적인 보험을 선택하여 들지 결정하도록 정보를 제공한다.

제3절 헬스 케어와 재활 서비스

1. 스포츠 의료 클리닉

많은 프로 및 대학 팀들은 스포츠 의료 클리닉과 제휴하여 선수들에게 전문적인 재활 서비스를 제공한다. 이러한 클리닉은 부상 치료뿐만 아니라 예방 프로그램도 제공한다.

2. 정신 건강 서비스

선수들의 정신 건강을 보호하기 위한 보험도 점차 중요해지고 있다. 선수들은 경기 압박이나 심리적 스트레스로 인해 정신 건강 문제가 발생할 수 있으며, 이에 대한 치료비를 보장하는 보험이 마련되고 있다.

제4절 스포츠 이벤트 보험

1. 이벤트 취소 보험

큰 스포츠 이벤트는 취소될 경우 발생할 수 있는 재정적 손실을 대비해 이벤트 취소 보험에 가입한다. 또한 천재지변, 팬데믹, 정치적 불안정 등으로 인해 이벤트가 취소되거나 연기될 때 발생하는 손실을 보상한다.

2. 책임 보험

대규모 스포츠 이벤트 주최자들은 참가자, 관중, 스태프의 부상이나 사고에 대비해 책임 보험에 가입한다. 이는 사고가 발생하게 되면 각종 법적 비용과 배상금을 커버한다.

제5절 보험 산업의 도전 과제와 발전

COVID-19 팬데믹은 스포츠 보험 산업에 큰 영향을 미쳤다. 많은 경기와 이벤트가 취소되거나 연기되면서, 이벤트 취소 보험에 대한 관심이 크게 증가했다. 보험사들은 이러한 새로운 리스크를 반영하여 상품을 조정하고 있다. 또한 최근 발전하고 있는 혁신적인 기술도 보험의 판도를 바꾸어 나가고 있다. 예를 들어 데이터 분석, 웨어러블 기술, 그리고 AI를 활용한 부상 예방 및 관리 프로그램이 보험 상품에 통합되고 있다. 이러한 기술들은 선수의 부상 위험을 미리 파악하고, 맞춤형 보험 상품을 설계하는 데 도움을 주고 있다.

미국의 스포츠 보험 현황

1. AIG(American International Group, Inc.)
글로벌 보험 및 금융 서비스 회사로, 다양한 스포츠 보험 상품을 제공한다. AIG는 선수 보험, 이벤트 취소 보험, 책임 보험, 재산 보험 등을 포함한 종합적인 스포츠 보험 솔루션을 제공하며, 특히 프로 스포츠 리그와 대형 스포츠 이벤트에 대한 보험을 많이 취급한다. 선수들의 건강 및 장애 보험, 리그 및 팀의 책임 보험, 이벤트 주최자의 취소 및 연기 보험 등을 제공한다.

2. Lloyd's of London
영국에 본사를 둔 글로벌 보험 시장으로, 맞춤형 보험 상품을 제공하는 것으로 유명하다. 특히 스포츠 및 엔터테인먼트 분야에서 고위험 보험을 취급하며, 유명 프로 선수들의 부상 및 장애 보험을 주로 제공한다. 선수 개개인의 신체 부위 보험(예: 손, 다리), 고액 계약 선수의 장애 보험, 대형 스포츠 이벤트 취소 및 연기 보험 등을 제공한다.

3. Berkshire Hathaway Specialty Insurance(BHSI)

워렌 버핏이 이끄는 버크셔 해서웨이의 자회사로, 다양한 전문 보험 상품을 제공한다. BHSI는 스포츠 산업에 대한 포괄적인 보험 솔루션을 제공하며, 특히 재산 보험, 책임 보험, 이벤트 취소 보험 등에 강점을 가지고 있다. 리그 및 팀의 재산 보험, 대형 스포츠 이벤트의 책임 보험, 선수 개인 및 단체의 건강 및 장애 보험 등을 제공한다.

4. K&K Insurance Group

스포츠, 레크리에이션, 엔터테인먼트 보험에 특화된 미국 회사이다. 이 회사는 아마추어 스포츠 리그, 프로 스포츠 팀, 이벤트 주최자 등을 대상으로 한 다양한 보험 상품을 제공한다. 아마추어 및 청소년 리그의 책임 보험, 프로 스포츠 팀의 선수 건강 및 장애 보험, 이벤트 주최자의 취소 및 연기 보험 등을 제공한다.

5. Marsh & McLennan Companies

글로벌 보험 브로커 회사로, 스포츠 및 엔터테인먼트 산업에 대한 포괄적인 리스크 관리 및 보험 솔루션을 제공한다. 이 회사는 리그, 팀, 선수, 스포츠 이벤트 주최자 등을 대상으로 맞춤형 보험 상품을 제공하며,

전 세계적으로 활동한다. 리스크 평가 및 관리, 선수 장애 보험, 스포츠 시설의 재산 보험, 글로벌 스포츠 이벤트의 책임 보험 등을 제공한다.

6. Zurich Insurance Group
Zurich Insurance는 글로벌 보험 및 금융 서비스 회사로, 스포츠 산업에서의 리스크 관리 및 보험 솔루션을 제공한다. 이 회사는 대형 스포츠 이벤트, 프로 스포츠 리그, 그리고 스포츠 시설 운영자를 위한 전문 보험 상품을 제공하고 있다. 대형 스포츠 이벤트 취소 및 연기 보험, 스포츠 시설의 재산 보험, 선수 및 리그의 책임 보험 등을 제공한다.

7. Nationwide Mutual Insurance Company
미국 내에서 잘 알려진 보험 회사로, 다양한 스포츠 보험 상품을 제공한다. 이 회사는 주로 프로 및 아마추어 스포츠 팀, 선수, 그리고 이벤트 주최자를 대상으로 한 보험을 제공하며, 미국 전역에서 활동하고 있다. 선수 개인 보험, 팀 건강 및 장애 보험, 이벤트 취소 보험, 청소년 스포츠 리그의 책임 보험 등을 제공한다.

8. HUB International
북미 지역의 주요 보험 브로커 중 하나로, 스포츠 및 엔터테인먼트 산업에 대한 종합적인 보험 솔루션을 제공한다. HUB는 스포츠 팀, 리그, 선수, 그리고 이벤트 주최자들에게 맞춤형 보험 상품을 제공하며,

특히 복합적인 리스크 관리 솔루션을 제공하는 데 강점을 가지고 있다. 팀과 리그의 책임 보험, 선수의 건강 및 장애 보험, 스포츠 이벤트의 취소 및 연기 보험, 재산 및 시설 보험 등을 제공한다.

9. Allianz SE

글로벌 보험 및 금융 서비스 회사로, 스포츠 보험 분야에서 강력한 존재감을 가지고 있다. 이 회사는 특히 대형 스포츠 이벤트에 대한 보험을 제공하며, 선수와 팀을 대상으로 한 다양한 보험 상품도 취급한다. 선수 건강 및 장애 보험, 스포츠 이벤트의 취소 및 연기 보험, 책임 보험, 재산 보험 등을 제공한다.

10. Chubb Limited

글로벌 상위 보험 회사로, 스포츠 산업에서 다양한 보험 상품을 제공하고 있다. Chubb은 프로 선수, 스포츠 팀, 리그, 그리고 스포츠 시설 운영자를 위한 맞춤형 보험 솔루션을 제공한다. 프로 및 아마추어 선수 장애 보험, 스포츠 시설의 재산 보험, 대형 스포츠 이벤트 취소 및 연기 보험, 책임 보험 등을 제공한다.

제9장

스포츠 에이전시

제9장 스포츠 에이전시

미국의 스포츠 에이전시 산업은 매우 발달되어 있으며, 선수들의 계약, 마케팅, 브랜드 관리, 법적 문제 등을 전반적으로 관리하는 중요한 역할을 담당한다. 스포츠 에이전트들은 선수들이 프로 계약을 체결하거나 스폰서십 계약을 맺을 때, 그리고 경력 관리와 관련된 다양한 문제를 처리할 때 중요한 조언자이자 협상가로 활동한다. 이와 관련된 법률과 규제는 선수와 에이전트 간의 공정한 관계를 유지하고, 에이전트의 역할을 명확히 규정하며, 선수의 권익을 보호하기 위해 마련되어 있다.

제1절 스포츠 에이전시 현황

1. Creative Artists Agency(CAA) Sports

전 세계에서 가장 영향력 있는 스포츠 에이전시 중 하나로, 미국의 주요 리그(NFL, NBA, MLB, NHL)와 여러 스포츠 분야에서 활동하는 선수들을 대표한다. CAA는 계약 협상, 마케팅, 미디어 권리, 브랜드 관리 등을 포함한 다양한 서비스를 제공한다.

2. Wasserman

스포츠와 엔터테인먼트 분야에서 활동하는 글로벌 에이전시로, 많은 미국 프로 리그 선수들을 대표하며, 계약 협상, 스폰서십, 미디어 관리,

사회적 이니셔티브 관리 등 다양한 서비스를 제공하며 선진적인 미국 스포츠 에이전시로 인기를 얻고 있다.

3. Excel Sports Management

MLB, NBA, PGA 투어 등 여러 분야에서 활동하는 선수들을 대표하며, 계약 협상, 브랜드 관리, 마케팅 등을 전문으로 하는 미국 대표적인 스포츠 에이전시이다.

4. Roc Nation Sports

엔터테인먼트와 스포츠를 결합한 회사로, 다양한 스포츠 선수들과 음악, 미디어 산업의 인물들을 관리하며, 통합된 브랜드 관리와 계약 협상 서비스를 제공하며 미국 스포츠 에이전시를 대표한다.

제2절 스포츠 에이전트의 법적 역할

1. 계약 협상

에이전트는 선수들이 팀과 맺는 계약에서 최대한 유리한 조건을 확보할 수 있도록 협상한다. 여기에는 연봉, 계약 기간, 보너스, 인센티브, 보장금 등이 포함된다.

2. 마케팅 및 스폰서십

에이전트는 선수의 브랜드 가치를 높이기 위해 마케팅 전략을 세우고, 스폰서십 계약을 체결하며, 광고, 출연, 사회적 활동 등을 관리한다.

3. 법률 자문

에이전트는 선수들이 법적 문제에 직면했을 때 조언을 제공하며, 계약 조항, 법적 분쟁, 세금 문제 등에 대해 법률 전문가와 협력하여 선수를 보호한다.

4. 경력 관리

선수의 전체적인 경력을 관리하고, 은퇴 후의 계획까지 포함하여 장기적인 목표를 설정하고 이행하는 데 도움을 준다.

제3절 스포츠 에이전시 관련 법률 및 규제

1. 스포츠 에이전트 책임 및 신뢰법(Sports Agent Responsibility and Trust Act, SPARTA)

(1) 개요

SPARTA는 2004년에 제정된 연방 법률로, 스포츠 에이전트가 대학 선수와의 계약에서 공정한 관행을 따르도록 규제한다. 이 법은 선수들이 프로로 전환할 때 에이전트가 기만적이거나 부정한 행동을 하지 못하도록 하는 규정을 마련하고 있다.

(2) 주요 조항

SPARTA는 에이전트가 대학 선수에게 프로 계약의 이점과 단점을 충분히 설명하고, 선수에게 적절한 정보를 제공할 것을 요구한다. 또한, 에이전트가 선수의 아마추어 자격을 손상할 수 있는 행위를 하지 않도록 규정하고 있다.

1) 선수 보호 규정

▶ 사기 및 기만적인 행위 금지: 에이전트는 선수와 계약을 맺을 때 기만적이거나 사기적인 행위를 해서는 안 된다. 에이전트가 거짓말을 하거나 중요한 사실을 은폐하는 등의 행위를 통해 계약을 유도하는 것은 금지된다.

▶ 계약 시 정보 제공 의무: 에이전트는 선수에게 계약의 모든 중요한 조건을 명확하게 설명해야 한다. 선수는 계약의 법적 결과와 자신의 권리에 대해 충분히 이해할 수 있어야 한다.

2) 대학 스포츠의 보호

▶ 불법적 유도 금지: 에이전트는 대학 운동선수에게 계약을 체결하도록 유도하는 과정에서 부정한 방법을 사용해서는 안 된다. 예를 들어, 금전적 인센티브를 제공하거나, 계약의 결과로 NCAA 규정을 위반하게 되는 행위를 하지 못하도록 규제한다.

▶ 통보 의무: 에이전트가 대학 선수와 계약을 체결한 경우, NCAA나 해당 학교의 규정을 위반할 수 있는 상황이 발생할 때는 반드시 학교에 이를 통보해야 한다. 이를 통해 학교는 해당 선수의 자격 문제를 신속하게 처리할 수 있다.

3) 연방거래위원회(FTC) 집행

▶ FTC의 집행 권한: SPARTA는 연방거래위원회(FTC)가 이 법을 집행할 권한을 부여받고 있다. FTC는 에이전트가 SPARTA를 위반했을 경우, 민사 소송을 제기할 수 있다.

▶ 벌금 및 제재: SPARTA를 위반한 에이전트는 벌금 및 기타 법적 제재를 받을 수 있다. FTC는 에이전트의 행위가 선수에게 미친 피해를 보상하기 위한 조치를 취할 수 있다.

4) 주 법률과의 관계

▶ 주 법률과의 조화: SPARTA는 연방법이지만, 주 차원에서도 스포츠 에이전트의 활동을 규제하는 법률이 있을 수 있다. SPARTA는 주 법률과 충돌하지 않으며, 주 법률이 더 엄격한 경우에는 주 법률이 우선 적용될 수 있다.

미국 스포츠 에이전트 법

Sports Agent Responsibility and Trust Act(SPARTA, 2004)는 미국 연방법의 일환으로 제정된 법률로, 공식적으로는 15 U.S.C. §§ 7801-7807에 명시되어 있다. SPARTA는 총 7개의 섹션(조항)으로 구성되어 있으며, 각 섹션의 주요 내용을 아래에 같다.

1. § 7801. 정의(Definitions)
이 섹션에서는 SPARTA에서 사용되는 주요 용어들의 정의를 제공한다. 예를 들어, '스포츠 에이전트', '대학 선수', '주' 등 법률 내에서 자주 사용되는 용어들이 정의된다.

2. § 7802. 불공정 및 기만적 행위 금지(Prohibited Acts)
이 섹션에서는 스포츠 에이전트가 준수해야 하는 행동 기준을 명시한다. 에이전트가 선수와 계약을 체결할 때 기만적이거나 사기적인 행위를 금지하며, 모든 계약의 조건을 명확히 설명할 것을 요구한다.

3. § 7803. 계약 체결 시 요구 사항(Required Disclosures)
이 섹션에서는 스포츠 에이전트가 선수와 계약을 체결할 때 준수해야 하는 정보 제공 요구 사항을 명시한다. 에이전트는 계약의 법적 효과와 선수의 권리를 충분히 설명해야 하며, 계약서에 서면으로 명시된 내용을 제공해야 한다.

4. § 7804. 법 집행(Enforcement)
이 섹션에서는 연방거래위원회(FTC)가 SPARTA를 집행할 권한을 부여받고 있음을 명시한다. FTC는 에이전트가 SPARTA를 위반했을 경우 민사 소송을 제기할 수 있으며, 법적 제재를 가할 수 있다.

5. § 7805. 주 법률과의 관계(Relationship to State Laws)
이 섹션에서는 SPARTA가 주 법률과의 관계에서 어떻게 적용되는지를 명확히 한다. SPARTA는 주 법률과 충돌하지 않으며, 주 법률이 더 엄격한 경우에는 주 법률이 우선적으로 적용될 수 있음을 규정한다.

6. § 7806. 규정 제정 권한(Regulations)
이 섹션에서는 연방거래위원회가 SPARTA의 시행을 위해 필요한 규정을 제정할 수 있는 권한을 명시한다. 이는 법률의 효율적인 집행을 보장하기 위한 규정 제정 권한이다.

7. § 7807. SPARTA의 발효(Effective Date)
이 섹션에서는 SPARTA가 언제부터 발효되는지를 명시한다. SPARTA는 2004년 9월 24일부터 발효되었다.

2. 통일 선수 에이전트 법
   (Uniform Athlete Agents Act, UAAA)

(1) 개요

　Uniform Athlete Agents Act(UAAA)는 2000년에 미국에서 처음으로 제정된 모델법으로 미국 법률 협회(National Conference of Commissioners on Uniform State Laws, NCCUSL)와 NCAA(전미 대학 체육 협회)의 협력하에 개발되었으며, 대학 운동선수들이 스포츠 에이전트와 계약할 때 공정하게 대우받고, 불법적인 유도 행위로부터 보호받을 수 있도록 하기 위해 만들어졌다. UAAA는 이후 여러 주에서 채택되었으며, 대학 스포츠의 무결성을 보호하고, 선수들의 권리를 강화하는 데 중요한 역할을 해 왔다. 2015년에는 UAAA의 개정판인 Revised Uniform Athlete Agents Act(RUAAA)가 발표되어, 현대 스포츠 환경에 맞추어 법률이 업데이트되었다.

(2) 주요 내용

1) 스포츠 에이전트의 등록 요구

　▶ 등록 의무: UAAA는 스포츠 에이전트가 각 주에서 활동하기 전에 해당 주의 체육위원회나 관련 기관에 등록하도록 요구한다. 이는 주 정부가 에이전트를 감독하고, 불법적이거나 비윤리적인 행위를 하는 에이전트를 관리할 수 있도록 한다.

　▶ 갱신 및 보고: 에이전트는 정기적으로 자신의 등록을 갱신해야 하

며, 선수와의 계약, 벌금, 징계 사항 등을 보고해야 한다.

2) 계약 절차에 대한 규제

▶ 서면 계약 요구: UAAA는 모든 에이전트 계약이 서면으로 이루어져야 하며, 선수에게 그 계약의 모든 조건을 명확히 설명하도록 요구한다. 계약에는 선수의 권리, 의무, 계약의 법적 효과 등이 명시되어야 한다.

▶ 취소 권리: UAAA는 선수들이 에이전트와의 계약을 일정 기간 내에 취소할 수 있는 권리를 제공한다. 이는 선수들이 계약을 충분히 검토한 후 계약을 철회할 수 있도록 보장한다.

3) 불법적 유도 행위 금지

▶ 부정한 유도 행위 금지: 에이전트는 금전적 인센티브나 기타 부정한 방법으로 선수를 유도해 계약을 체결하게 해서는 안 된다. 이러한 행위는 선수의 대학 자격을 상실하게 할 수 있으며, 대학 스포츠의 무결성을 해칠 수 있다.

▶ 고지 의무: 에이전트가 대학 운동선수와 계약을 체결한 경우, 해당 사실을 학교와 NCAA에 즉시 통보해야 합니다. 이를 통해 선수의 자격 문제를 신속하게 해결할 수 있다.

4) 선수 보호

▶ 선수의 정보 보호: 에이전트는 선수의 개인정보와 계약 정보를 보호해야 하며, 이를 제3자에게 제공할 경우 선수의 동의를 받아야 한다.

▶ 징계 및 법적 제재: UAAA는 에이전트가 법을 위반할 경우, 벌금, 등록 취소, 민사 소송 등의 제재를 받을 수 있도록 규정하고 있다. 이는 선수 보호를 강화하는 데 중요한 역할을 한다.

5) 주 법률과의 조화
▶주 법률과의 통일성: UAAA는 각 주에서 적용될 수 있도록 설계된 모델 법률이다. 많은 주가 이 법을 채택하여 스포츠 에이전트의 활동을 규제하고 있으며, 주 법률과의 통일성을 유지하고 있다.

UAAA의 주요 조항 및 내용

§ 1. 제목(Title)
법의 제목을 정의한다. 일반적으로 'Uniform Athlete Agents Act'라는 제목이 사용된다.

§ 2. 정의(Definitions)
법에서 사용되는 주요 용어들을 정의한다. 여기에는 '스포츠 에이전트', '대학 운동선수', '계약', '주' 등 주요 용어들이 포함된다.

§ 3. 등록 필요성(Registration Requirement)
스포츠 에이전트는 주에서 활동하기 위해 반드시 등록해야 하며, 이는 해당 주의 관련 기관에서 이루어져야 한다. 등록은 활동을 시작하기 전에 완료해야 한다.

§ 4. 등록 신청 및 갱신(Application for Registration; Renewal)
에이전트가 등록을 신청하거나 갱신하는 절차를 규정한다. 여기에는 등록 신청서에 포함해야 하는 정보, 수수료, 신청 심사 절차 등이 포함된다.

§ 5. 등록의 취소 및 정지(Suspension, Revocation, or Refusal to Renew Registration)
등록된 스포츠 에이전트가 법을 위반하거나 부적절한 행동을 했을 경우, 해당 에이전트의 등록을 취소하거나 정지할 수 있는 규정을 명시한다.

§ 6. 계약 절차(Required Form of Contract)
에이전트와 운동선수 간의 계약이 반드시 서면으로 이루어져야 하며, 계약서에 명시해야 하는 내용과 계약이 법적으로 효력을 가지기 위해 필요한 요건들을 규정한다.

§ 7. 계약의 취소(Right to Cancel Contract)
운동선수가 에이전트와의 계약을 일정 기간 내에 취소할 수 있는 권리를 규정한다. 일반적으로 취소 기간은 계약 체결 후 며칠 이내로 설정된다.

§ 8. 금지된 행위(Prohibited Conduct)
에이전트가 계약을 체결할 때 사용해서는 안 되는 부정한 행위들을 규정한다. 여기에는 기만적인 행위, 금전적 인센티브 제공, 중요한 사실을 은폐하는 행위 등이 포함된다.

§ 9. 통지 요구 사항(Notification Requirements)
에이전트가 대학 운동선수와 계약을 체결한 경우, 해당 사실을 즉시 대학과 관련 스포츠 기관에 통보해야 한다는 규정을 명시한다.

§ 10. 벌칙(Civil and Criminal Penalties)
법을 위반한 에이전트에게 적용될 수 있는 민사 및 형사 처벌을 규정합니다. 여기에는 벌금, 등록 취소, 민사 소송 등의 제재가 포함된다.

§ 11. 주 법률과의 조화(Relationship to State Law)
이 법이 주 법률과 어떻게 상호작용하는지를 규정하며, 주 법률이 이 모델 법률을 보완하거나 강화할 수 있음을 명시한다.

§ 12. 시행일(Effective Date)
이 법이 언제부터 시행되는지를 규정한다.

▣ 재미있는 미국 법 이야기

스포츠 에이전트 책임 및 신뢰법은 연방법이고 통일 선수 에이전트 법은 모델법이라니, 차이가 무엇인가요?

연방법(Federal Law)과 모델법(Model Law)은 미국 법체계에서 중요한 역할을 하지만, 그 성격과 적용 방식에서 차이가 있습니다. 이 두 가지 법률의 차이점을 이해하는 것은 미국의 법체계를 이해하는 데 중요한 부분입니다. 연방법과 모델법은 미국 법체계에서 서로 다른 역할을 하며, 각각의 목적과 적용 범위가 다릅니다. 연방법은 미국 전역에서 강제적으로 적용되는 법률이며, 모델법은 주간 법률의 통일성과 일관성을 촉진하기 위한 비구속적인 법률 모델로, 각 주에서 선택적으로 채택할 수 있습니다.

1. 연방법(Federal Law)

연방법은 미국 연방 정부에 의해 제정된 법률이고 미국 헌법은 연방 정부가 특정 분야에서 법을 제정할 수 있는 권한을 부여하고 있으며, 이러한 법률은 미국 전역에서 50개의 주와 개인에게 적용됩니다. 연방법은 미국의 모든 주, 영토, 그리고 연방 지역에서 동일하게 적용되는데, 예를 들어 연방법인 1964년 민권법은 모든 주에서 인종, 성별, 종교 등의 이유로 차별을 금지하는 법률입니다. 연방법은 주법보다 우선권을 가집니다. 만약 연방법과 주법이 충돌할 경우, 미국 헌법의 우선조항(Supremacy Clause)에 따라 연방법이 우선적으로 적용됩니다. 스포츠 에이전트와 관련하여 주법을 만들고 그 법이 더 엄격하면 그 법에 따르라고 스포츠 에이전트 책임 및 신뢰법은 규정하고 있습니다.

2. 모델법(Model Law)

모델법은 특정 분야의 법률을 표준화하기 위해 법률 전문가 그룹이나 협회에서 제안한 법률입니다. 모델법은 구속력이 없으며, 각 주가 채택하거나 수정하여 시행할 수 있는 법적 프레임워크를 제공할 뿐입니다. 즉, 우리나라의 표준계약서와 같은 수준으로 모델법은 각 주 정부가 자유롭게 채택하거나 수정할 수 있습니다. 어떤 주는 모델법을 그대로 채택할 수도 있고, 일부는 수정하거나 전혀 채택하지 않을 수도 있습니다. 모델법은 주간 법률의 통일성을 촉진하기 위해 전문가들이 제안한 것입니다. 통일상거래법(UCC, Uniform Commercial Code)이나 통일선수에이전트법(UAAA, Uniform Athlete Agents Act)은 많은 주가 그대로 채택하였습니다. (캘리포니아, 텍사스, 플로리다, 뉴욕, 조지아, 노스캐롤라이나, 일리노이, 펜실베이니아는 그대로 도입) 이 경우 연방법보다 모델법인 통일선수에이전트법이 우선하게 됩니다.

3. NCAA 규정

(1) 개요

NCAA는 대학 스포츠에서 선수와 에이전트 간의 관계를 엄격하게 규제한다. NCAA는 대학 선수들이 에이전트와 계약을 체결하는 순간 아마추어 자격을 잃게 되며, 이로 인해 대학 리그에서의 출전 자격을 상실할 수 있다.

(2) 주요 내용

NCAA는 에이전트와의 접촉, 혜택 수령, 그리고 계약 체결과 관련된 규정을 엄격하게 적용하며, 대학 선수들이 이를 위반할 경우 제재를 가할 수 있다. 이는 NCAA 선수들이 에이전트의 영향을 받지 않고 학업과 운동을 병행할 수 있도록 보장하는 데 목적이 있다.

> NCAA(미국 대학 체육 협회, National Collegiate Athletic Association) 규정은 미국의 대학 스포츠를 관리하고 규제하는 규칙과 규정의 집합이다.
>
> NCAA는 미국 전역의 수천 개의 대학과 대학 팀들이 참여하는 대규모 스포츠 조직으로, 학생-athletes(학생 운동선수)가 공정하게 경쟁할 수 있도록 하는 다양한 규정을 마련하고 있다. NCAA 규정은 선수들의 자격, 리크루팅(모집) 절차, 장학금, 아마추어리즘, 학업 요건 등 여러 분야에서 적용되는데 주요 NCAA 규정을 아래와 같이 정리할 수 있다.
>
> 1. 아마추어리즘(Amateurism)
>
> (1) 아마추어리즘 원칙
> NCAA는 선수들이 아마추어 신분을 유지해야 한다는 원칙을 고수한다. 이는 대학 선수들이 프로 선수로서 보수를 받지 않으며, 금전적인 혜택을 통해 이득을 취하지 않도록 하는 규정이다.
>
> (2) 적용 범위
> NCAA 규정에 따르면, 대학 운동선수는 팀이나 개인의 경기에서

승리나 출전 대가로 금전적 보상을 받을 수 없다. 또한, 대회에 출전하기 위해 프로 대회에서 경쟁하거나, 에이전트와 계약을 맺는 것도 금지된다.

(3) NIL 규정
최근 NCAA는 Name, Image, Likeness(NIL) 규정을 도입하여, 선수들이 자신의 이름, 이미지, 초상권을 이용해 수익을 창출할 수 있도록 허용했다. 이 규정은 아마추어리즘 원칙에 일부 변화가 생긴 것으로, 선수들이 광고, 스폰서십, 소셜 미디어 활동 등을 통해 수익을 얻을 수 있게 되었다.

2. 리크루팅(Recruiting) 규정

(1) 리크루팅 과정
NCAA는 대학 코치들이 고등학교 선수들을 모집하는 과정에 대한 엄격한 규정을 마련하고 있다. 이 규정은 리크루팅 과정이 공정하고 윤리적으로 이루어지도록 보장하기 위해 만들어졌다.

(2) 적용 범위
코치들이 선수에게 연락할 수 있는 시기, 방문할 수 있는 횟수, 제공할 수 있는 혜택 등에 대한 규제들이 포함된다. 예를 들어, NCAA는 리크루팅 방문의 타이밍과 빈도를 제한하고, 리크루팅 중에 제공될 수 있는 선물이나 경제적 혜택에 엄격한 제한을 두고 있다.

(3) 리크루팅 위반 시

NCAA 규정을 위반한 리크루팅 행위는 중대한 제재를 받을 수 있다. 위반 사례로는 부적절한 경제적 혜택 제공, 허위 정보 제공, 불법적인 접촉 등이 있다.

제재: NCAA는 리크루팅 규정을 위반한 대학이나 코치에게 벌금, 리크루팅 권한 박탈, 경기 출전 금지 등의 제재를 가할 수 있다.

3. 장학금 규정

(1) 장학금 제공

NCAA는 대학이 학생-athletes에게 제공할 수 있는 장학금의 종류와 금액에 대해 규제를 둔다. 장학금은 주로 학업적 성취, 운동 능력, 그리고 대학 생활에 대한 기여도를 기준으로 제공된다.

(2) 적용 범위

NCAA 규정은 대학이 제공할 수 있는 체육 장학금의 최대한도를 설정하고 있으며, 학생에게 지급되는 장학금이 공정하고 투명하게 분배되도록 규정하고 있다.

(3) 장학금 유지 요건

학생은 NCAA가 정한 학업적 및 운동적 요건을 충족해야 장학금을 유지할 수 있다. 학업 요건에는 최소 학점 유지, 특정 학과목 이수 등이 포함된다.

(4) 위반 시 제재

학업적 기준을 충족하지 못할 경우, 장학금이 축소되거나 박탈될 수 있으며, 경기 출전이 제한될 수 있다.

4. 학업 요건(Eligibility)

(1) 학업 자격 요건

NCAA는 학생이 학업을 성공적으로 수행하면서 운동에 참여할 수 있도록 일정한 학업 기준을 설정하고 있다. 이는 학생의 학업적 성공을 보장하기 위한 중요한 규정이다.

(2) 적용 범위

NCAA는 학생-athletes가 고등학교 졸업 시 특정 과목을 이수하고, 일정 GPA를 유지하며, SAT 또는 ACT와 같은 표준화 시험에서 일정 점수를 받아야 한다고 규정하고 있다.

(3) 적격성 유지

학생은 NCAA의 학업 자격 요건을 계속 충족해야 경기에 출전할 자격을 유지할 수 있다. 이에는 정규 학업 이수, 매 학기 최소 학점 취득, 학점 이수 속도 등이 포함된다.

(4) 위반 시 제재

자격 요건을 충족하지 못하면 경기 출전이 금지되며, 장학금이 취소

될 수 있다.

5. 스포츠맨십과 윤리 규정

(1) 스포츠맨십
NCAA는 모든 대학 운동선수들이 경기에서 스포츠맨십을 발휘하고, 윤리적인 행동을 해야 한다고 규정한다. 이는 선수, 코치, 대학 관계자들이 모두 공정하고 존중받는 환경에서 스포츠에 참여할 수 있도록 보장하는 규정이다.

(2) 적용 범위
스포츠맨십 위반 행위에는 비신사적 행동, 상대 팀 모욕, 부정행위 등이 포함되며, 이러한 행동은 NCAA 규정에 의해 제재를 받을 수 있다.

(3) 윤리 강령
NCAA는 대학 스포츠 운영의 투명성과 공정성을 보장하기 위해 윤리 강령을 제정하고, 모든 참가자들이 이를 준수하도록 요구한다.

(4) 적용 범위
이 규정은 코치와 대학 관계자들이 부정행위를 하지 않도록 하며, 특히 리크루팅, 장학금 제공, 선수 관리에서 공정하고 투명한 절차를 따르도록 규제한다.

6. 도핑 방지와 건강 관리

(1) 도핑 방지
NCAA는 도핑 방지 규정을 통해 학생선수가 불법 약물 사용 없이 공정하게 경쟁할 수 있도록 보장한다. NCAA는 무작위로 도핑 테스트를 실시하며, 도핑 규정 위반 시 엄격한 제재를 가한다.

(2) 적용 범위
금지 약물 목록, 테스트 절차, 위반 시 제재 등의 규정이 포함된다. 도핑 테스트에서 금지 약물이 검출될 경우, 선수는 경기 출전 금지, 장학금 박탈 등의 제재를 받을 수 있다.

(3) 선수 건강 관리
NCAA는 학생선수의 건강과 안전을 보호하기 위한 다양한 규정을 시행하고 있다. 이에는 부상 예방, 정신 건강 관리, 트라우마 예방 조치 등이 포함된다.

(4) 적용 범위
NCAA는 학생선수의 부상 치료와 재활을 위한 기준을 정하고, 경기에 안전하게 참여할 수 있도록 관리한다. 또한, 정신 건강 관리와 관련된 지원 프로그램도 제공한다.

7. 분쟁 해결과 규정 준수

(1) 분쟁 해결 메커니즘
NCAA는 학생선수, 대학, 코치 간의 분쟁을 해결하기 위한 절차를 마련하고 있다. NCAA 내부 위원회나 중재 절차를 통해 분쟁을 해결하며, 법적 소송으로 이어지기 전에 문제를 해결하는 것이 목표이다.

(2) 적용 범위
규정 위반, 계약 분쟁, 자격 논쟁 등이 포함되며, NCAA는 이러한 분쟁을 공정하게 해결하기 위해 중재 역할을 수행한다.

(3) 규정 준수
NCAA는 회원 대학들이 모든 NCAA 규정을 준수하도록 감독하며, 규정 위반 시 적절한 제재를 가한다. 각 대학은 자체적으로 NCAA 규정을 준수하기 위한 규정 준수 부서를 운영해야 한다.

(4) 적용 범위
NCAA는 정기적으로 대학의 규정 준수 여부를 점검하고, 규정 위반 사례가 발견될 경우 벌금, 경기 출전 금지, 우승 취소 등의 제재를 가할 수 있다.

NCAA 규정은 학생선수의 공정한 경쟁을 보장하고, 학업과 운동의 균형을 유지하며, 대학 스포츠의 투명성과 윤리성을 유지하는 데 중요한 역할을 한다. 이러한 규정들은 학생선수와 대학 간의 관계를 관리하고, 대학 스포츠가 공정하고 안전하게 운영될 수 있다.

4. 주별 에이전트 등록법

(1) 개요

　스포츠 에이전트가 해당 주에서 활동하기 위해서는 등록이 필요하다. 주별 법률은 에이전트가 활동하는 데 필요한 자격 요건과 윤리 기준을 설정한다.

(2) 주요 조항

　에이전트는 등록을 위해 신청서를 제출하고, 자격을 검토받아야 하며, 일부 주에서는 보증금이나 보험을 요구할 수도 있다. 등록된 에이전트는 정기적으로 갱신 절차를 거쳐야 하며, 규정을 위반할 경우 벌금 또는 면허 취소 등의 제재를 받을 수 있다. 캘리포니아, 텍사스, 플로리다, 뉴욕, 조지아, 노스캐롤라이나, 일리노이, 펜실베이니아 등에서 발견된다.

제4절 윤리 및 규제 준수

1. 윤리 강령

스포츠 에이전시 산업은 매우 경쟁적인 시장이며, 에이전트들은 선수들과의 계약을 맺기 위해 치열하게 경쟁하고 있어 많은 스포츠 에이전시와 에이전트 협회는 자체 윤리 강령을 마련하여 에이전트의 행동 기준을 규제한다. 이는 에이전트가 선수의 이익을 최우선으로 하며, 투명하고 정직하게 행동하도록 보장하는 역할을 한다.

2. 분쟁 해결

데이터 분석, 소셜 미디어 관리, 디지털 마케팅 등의 기술이 스포츠 에이전시 활동에 중요한 역할을 하고 있으며, 에이전트들이 선수들의 브랜드 가치를 극대화하는 데 기술이 많이 활용되고는 있지만 여전히 분쟁은 많다. 또한 미국 스포츠 에이전시 산업은 국제적으로도 확장되고 있으며, 유럽 축구, 아시아 야구 등 전 세계 다양한 스포츠 리그로 활동 범위를 넓히고 있어 글로벌 분쟁도 많이 내재되어 있는 것이 사실이다. 이와 같이 에이전트와 선수 간의 분쟁이 발생할 경우, 중재나 법적 조치를 통해 해결될 수 있다. 일부 리그는 자체 분쟁 해결 시스템을 운영하며, 에이전트 협회나 법원이 이를 처리하기도 한다.

제5절 수수료 분쟁

스포츠 에이전시 수수료는 에이전트가 선수의 계약을 협상하고, 마케팅, 스폰서십, 기타 상업적 활동을 관리하는 대가로 받는 금액을 의미하는데 이 수수료는 계약 유형에 따라 다르며, 리그 규정 및 국가별 법률에 따라 제한되거나 정해진 범위 내에서 협의될 수 있다. 그러나 선수와 에이전시 간에 가장 많은 분쟁은 역시 수수료 분쟁이 아닐 수 없다.

미국에서 스포츠 선수와 에이전트 간의 수수료 분쟁은 종종 발생하며, 이는 계약 해석, 수수료 비율, 에이전트의 역할과 책임 등에 대한 이견으로 인해 발생한다. 이러한 분쟁은 종종 법정에서 해결되며, 여러 유명한 사례들이 있는데 기사화된 유명 사례만 조금 살펴본다.

1. 스캇 보라스 vs. 카를로스 벨트란

(1) 배경

MLB의 유명 에이전트 스캇 보라스(Scott Boras)는 2004년 메이저리거 카를로스 벨트란(Carlos Beltrán)과의 수수료 분쟁에 연루되었다. 벨트란은 당시 보라스와 계약을 맺고 있었지만, 나중에 에이전트를 제프 베리(Jeff Berry)로 교체했다.

(2) 분쟁 내용

보라스는 벨트란이 그와 계약을 맺었을 때 그의 고용 계약이 아직 유효했으며, 이에 따라 벨트란이 그가 협상한 계약에 대한 수수료를 지급해야 한다고 주장했다. 벨트란은 새로운 에이전트와 계약을 체결하면서 보라스의 역할을 축소했으나, 보라스는 계약 협상에 상당한 기여를 했다고 주장했다.

(3) 결과

이 분쟁은 법정 소송으로 이어졌으나, 결국 양측은 법정 밖에서 합의에 이르렀다. 이 사건은 에이전트와 선수 간의 계약이 얼마나 복잡할 수 있는지를 잘 보여 주는 사례이다.

2. 레지 부시 vs. 마이클 마크세니

(1) 배경

NFL 선수 레지 부시(Reggie Bush)는 2006년 NFL 드래프트 이전에 에이전트 마이클 마크세니(Michael Michaels)와 계약을 맺었다. 그러나 부시는 나중에 다른 에이전트로 교체하며, 마크세니와의 계약에서 발생한 문제로 인해 법적 분쟁이 발생했다.

(2) 분쟁 내용

마크세니는 부시가 자신과의 계약을 위반하고, 협상된 계약에 대한 수수료를 지불하지 않았다고 주장했다. 부시는 계약 위반 주장을 부인했으며, 마크세니가 에이전트로서의 의무를 다하지 않았다고 반박했다.

(3) 결과

이 사건은 법원으로 넘어갔고, 결국 양측은 합의에 이르렀다. 이 사건은 에이전트와 선수 간의 계약이 해석될 때 발생할 수 있는 법적 문제를 잘 보여 준다.

3. 알렉스 로드리게스 vs. 스캇 보라스

(1) 배경

알렉스 로드리게스(Alex Rodriguez)는 MLB의 스타 플레이어로, 오랫동안 스캇 보라스가 그의 에이전트로 활동했다. 2007년 로드리게스는 뉴욕 양키스와 대규모 계약을 협상했는데, 이 과정에서 보라스의 역할과 관련해 분쟁이 발생했다.

(2) 분쟁 내용

로드리게스는 보라스가 자신과 양키스 간의 계약 협상에서 비즈니스 윤리와 관련된 문제를 일으켰다고 주장했다. 보라스는 로드리게스가 자신에게 수수료를 지급해야 한다고 주장했으며, 로드리게스는 보라스가 협상에서 자신의 의사를 왜곡했다고 반발했다.

(3) 결과

결국 로드리게스는 보라스를 해고하고, 직접 계약 협상을 마무리했다. 이 분쟁은 공식적인 법정 소송으로 이어지지는 않았지만, 두 사람의 관계는 완전히 단절되었고, 로드리게스는 이후의 협상에서 다른 에이전트를 고용했다.

4. 트레버 바우어 vs. Luba Sports

(1) 배경

MLB 투수 트레버 바우어(Trevor Bauer)는 2020년부터 Luba Sports 소속의 레이첼 루바(Rachel Luba)를 에이전트로 고용했다. 바우어와 루바는 LA 다저스와의 계약 협상에서 분쟁이 발생했다.

(2) 분쟁 내용

바우어는 계약 체결 후 루바가 과도한 수수료를 요구했다고 주장했다. 그는 루바가 그의 계약을 협상하는 과정에서 충분히 협력하지 않았고, 자신의 이익을 최우선으로 두지 않았다고 주장했다.

(3) 결과

이 사건은 법적 소송으로 이어지지 않았으나, 선수와 에이전트 간의 수수료 협상이 얼마나 민감할 수 있는지를 보여 주는 사례로 남았다.

5. 클리퍼드 웰치 vs. NFLPA

(1) 배경

NFL 에이전트 클리퍼드 웰치(Clifford Welch)는 NFLPA(National Football League Players Association)와의 수수료 분쟁에 휘말렸다. 웰치는 여러 NFL 선수들과 계약을 맺었지만, 수수료 문제로 인해 NFLPA와 충돌하게 되었다.

(2) 분쟁 내용

웰치는 NFLPA가 그의 선수들과의 계약에서 적절한 수수료를 지불하지 않았다고 주장했으며, 이에 따라 법적 소송을 제기했다. 이 사건은 에이전트와 선수 간의 계약 해석, 수수료 구조에 대한 논쟁으로 확대되었다.

(3) 결과

이 사건은 법정에서 해결되었으며, 웰치는 일부 승소했지만, 법적 비용과 시간을 감수해야 했다. 이 사건은 NFLPA의 규정이 에이전트와 선수 간의 계약에 어떤 영향을 미칠 수 있는지를 잘 보여 준다.

스포츠 에이전트와 수수료

1. 선수 계약 수수료

(1) NFL(National Football League) 수수료 비율
NFL 에이전트는 선수 계약 총액의 최대 3%를 수수료로 받을 수 있다. 이는 NFL 선수 협회(NFLPA)가 정한 규정에 따른 것이다. 예를 들어, 에이전트가 1,000만 달러의 계약을 협상했다면, 최대 30만 달러(3%)를 수수료로 받을 수 있다. 그러나 일부 에이전트는 경쟁력을 높이기 위해 이 비율보다 낮은 수수료를 제시하기도 한다.

(2) NBA(National Basketball Association) 수수료 비율
NBA 에이전트는 선수 계약 총액의 최대 4%를 수수료로 받을 수

있다. NBA 선수 협회(NBPA)에서 규정한 수수료 상한선이다. 예를 들어, 1억 달러의 계약을 협상한 경우, 에이전트는 최대 400만 달러를 수수료로 받을 수 있다. 경쟁이 치열한 경우 일부 에이전트는 낮은 수수료율을 제안할 수도 있다.

(3) MLB(Major League Baseball) 수수료 비율
MLB 에이전트 수수료는 리그 차원에서 엄격하게 규제되지 않으며, 보통 4-5% 사이에서 결정된다. 에이전트가 5,000만 달러의 계약을 협상했다면, 약 200만 달러에서 250만 달러를 수수료로 받을 수 있다. MLB 에이전트는 이 수수료를 협상에 따라 다르게 설정할 수 있다.

(4) NHL(National Hockey League) 수수료 비율
NHL 에이전트는 선수 계약 총액의 3%에서 4%를 수수료를 받을 수 있다. 예를 들어, 2,000만 달러의 계약을 협상한 경우, 에이전트는 60만 달러에서 80만 달러의 수수료를 받을 수 있다.

2. 마케팅 및 스폰서십 계약 수수료
마케팅 및 스폰서십 계약에 대한 수수료는 일반적으로 계약 금액의 10%에서 20% 사이로 본다. 이는 선수 계약보다 높은 비율로, 에이전트가 선수의 브랜드 가치를 높이기 위해 노력한 대가로 받는 것이다. 예를 들어, 에이전트가 선수와 스폰서 간의 100만 달러 계약을 성사했다면, 10만 달러에서 20만 달러의 수수료를 받을 수 있다.

3. 글로벌 및 비전통적 스포츠 수수료

축구, 테니스, 골프와 같은 비전통적 또는 글로벌 스포츠에서 수수료는 계약 금액의 5%에서 10% 사이에서 결정된다. 예를 들어, 국제 축구 선수 계약에서 에이전트는 계약 금액의 5%에서 10%의 수수료를 받을 수 있으며, 이는 계약의 복잡성과 국가별 규정에 따라 달라질 수 있다.

4. 대학 선수 에이전트 수수료

대학 스포츠에서는 NCAA 규정에 따라 대학 선수들은 에이전트와 계약을 맺을 수 없으며, 이를 위반할 경우 아마추어 자격을 상실하게 된다. 다만, 일부 주에서는 NIL(Name, Image, Likeness) 규정이 도입되어, 선수들이 자신의 이름과 이미지, 초상권을 활용해 수익을 창출할 수 있으며, 이 과정에서 에이전트의 도움을 받을 수 있다. NIL 계약의 경우, 에이전트는 보통 계약 금액의 10%에서 20% 사이의 수수료를 받는다.

5. 기타 수수료

에이전트는 법률 서비스, 재정 관리, 커뮤니케이션 비용 등과 같은 기타 서비스를 제공하는 데 따른 비용을 청구할 수 있다. 이러한 비용은 계약서에 명시되며, 선수와 사전 합의된 바에 따라 청구된다. 일부 에이전트는 선수의 경기력 분석, 시장 조사, 커리어 개발 전략 등에 대한 추가 비용을 청구할 수 있으며, 이는 선수와의 계약에 명시되어야 한다.

미국 스포츠에이전시협회 현황

1. NFLPA(National Football League Players Association)

NFLPA는 NFL 선수들을 대표하는 노동조합으로, NFL 에이전트의 인증과 규제를 담당한다. NFLPA는 에이전트들이 선수들과 계약을 맺기 위해 필요한 자격을 부여하고, 에이전트들의 활동을 감독하며, 규정 위반 시 제재를 가한다.

에이전트가 NFL 선수와 계약을 체결하기 위해서는 NFLPA의 인증을 받아야 한다.

NFLPA는 에이전트들이 준수해야 할 윤리 강령과 규정을 정하고, 이를 위반할 경우 제재를 가한다.

에이전트와 선수 간의 분쟁이 발생할 경우 중재 역할을 수행한다.

2. NBPA(National Basketball Players Association)

NBPA는 NBA 선수들을 대표하는 노동조합으로, NBA 에이전트의 인증과 활동을 관리한다. NBPA는 에이전트들이 선수와 계약을 맺을 때 필요한 자격을 부여하고, 에이전트들의 행동을 감독하며, 윤리적 기준을 준수하도록 한다.

에이전트는 NBPA로부터 인증을 받아야 NBA 선수와 계약을 체결할 수 있다.

NBPA는 에이전트들이 따를 규정과 윤리 강령을 정하며, 이를 위반하는 에이전트에게는 벌금을 부과하거나 자격을 박탈할 수 있다.

에이전트들에게 교육 프로그램을 제공하며, 법적 또는 계약상의 문제 발생 시 지원한다.

3. MLBPA(Major League Baseball Players Association)

MLBPA는 MLB 선수들을 대표하는 노동조합으로, MLB 에이전트의 인증과 규제를 담당한다. MLBPA는 에이전트들이 선수 계약을 맺을 때 필요한 자격을 부여하고, 에이전트들이 공정하고 윤리적으로 행동하도록 감독한다.

MLBPA의 인증을 받은 에이전트만이 MLB 선수와 계약을 체결할 수 있다.

MLBPA는 에이전트들이 지켜야 할 윤리 강령과 규정을 정하고, 이를 위반할 경우 제재를 가한다.

에이전트와 선수 간의 계약 분쟁이나 기타 문제를 해결하기 위해 중재 역할을 한다.

4. NHLPA(National Hockey League Players Association)

NHLPA는 NHL 선수들을 대표하는 노동조합으로, NHL 에이전트의 인증과 활동을 규제한다. NHLPA는 에이전트들이 선수들과 계약을 체결할 때 필요한 자격을 부여하고, 이들의 활동을 감독하며, 규정 위반 시 제재를 가한다. 에이전트는 NHLPA의 인증을 받아야 NHL 선수와 계약을 맺을 수 있다.

NHLPA는 에이전트들이 지켜야 할 규정과 윤리 강령을 정하며, 이를 위반하는 에이전트에게는 벌금을 부과하거나 자격을 박탈할 수 있다. 에이전트들에게 교육 프로그램을 제공하며, 법적 문제나 계약상의 문제가 발생할 경우 지원한다.

5. WNBPA(Women's National Basketball Players Association)

WNBPA는 WNBA 선수들을 대표하는 노동조합으로, WNBA 에이전트의 인증과 활동을 관리한다. WNBPA는 에이전트들이 선수들과 계약을 체결할 때 필요한 자격을 부여하고, 이들의 활동을 감독하며, 규정 준수 여부를 감시한다.

WNBPA의 인증을 받은 에이전트만이 WNBA 선수와 계약을 체결할 수 있다.

WNBPA는 에이전트들이 준수해야 할 윤리 강령과 규정을 설정하고, 이를 위반할 경우 제재를 가한다.

에이전트와 선수 간의 계약 분쟁이나 기타 문제를 해결하기 위해 중재 역할을 한다.

6. IFPA(International Federation of Professional Athletes)

IFPA는 국제적인 차원에서 활동하는 선수 에이전트들의 협회로, 다양한 스포츠 종목에 걸쳐 활동하는 에이전트들을 지원하고 규제한다. IFPA는 에이전트들이 국제 스포츠 법률을 준수하고, 선수들의 권익을 보호할 수 있도록 지원한다.

IFPA는 에이전트들이 국제 무대에서 활동할 수 있는 자격을 부여한다.

국제적인 스포츠 법률 문제에 대한 자문과 지원을 제공한다.

에이전트들이 준수해야 할 국제적인 윤리 강령을 설정하고, 이를 위반할 경우 제재를 가한다.

7. SRA(Sports Agent Responsibility and Trust Act, SPARTA) 관련 협회

SPARTA는 미국 연방 법률로, 스포츠 에이전트들이 대학 선수들과의 계약에서 공정한 관행을 따르도록 규제한다. SPARTA는 주별로 운영되는 스포츠 에이전트 관련 협회들이 이 법률을 준수하도록 감독하며, 공정한 거래 관행을 유지하도록 한다.

에이전트들이 SPARTA 규정을 준수하도록 교육하고, 이를 감시한다.

대학 선수들과의 계약에서 발생할 수 있는 불공정 행위를 방지하고, 투명한 거래를 촉진한다.

이들 협회들은 스포츠 에이전트들의 활동을 체계적으로 관리하고, 선수들의 권리를 보호하며, 에이전트들이 공정하고 윤리적으로 행동할 수 있도록 규제한다. 이러한 시스템은 스포츠 산업의 투명성과 신뢰성을 높이는 데 기여하며, 선수와 에이전트 간의 관계를 공정하게 유지하는 데 중요한 역할을 한다.

제10장
스포츠와 기술

제10장 스포츠와 기술

스포츠 관련 기술은 지난 몇 년 동안 급격하게 발전했으며, 선수들의 경기력 향상, 팬 경험 개선, 스포츠 산업의 효율성 증대에 크게 기여하고 있다. 이러한 기술 발전은 다양한 분야에서 이루어졌으며, 스포츠와 기술의 융합은 앞으로도 지속될 것으로 예상된다.

스포츠 관련 기술의 발전은 선수와 팬, 그리고 스포츠 산업 전반에 걸쳐 큰 변화를 가져오고 있다. 이러한 기술들은 경기력 향상, 부상 예방, 팬 경험 증대, 그리고 경기의 공정성을 높이는 데 중요한 역할을 하며, 앞으로도 더욱 발전할 것으로 예상된다. 스포츠와 기술의 융합은 스포츠 산업의 지속적인 성장과 혁신을 이끌어 갈 중요한 요소로 자리 잡고 있다.

1. 웨어러블 기술

웨어러블 디바이스는 선수 추적 및 퍼포먼스 분석에 주로 사용된다. 즉, 선수들의 운동량, 심박수, 위치, 속도, 가속도 등 다양한 데이터를 실시간으로 추적한다. 이러한 데이터는 선수들의 경기력을 분석하고, 훈련 프로그램을 최적화하는 데 사용된다.

트레이너와 코치들은 웨어러블 기기를 통해 실시간으로 선수들의 상태를 모니터링하고, 부상 위험을 줄이며, 맞춤형 훈련 계획을 세울 수 있다. 예를 들어, Catapult Sports의 웨어러블 디바이스는 축구, 미식축구, 농구 등 다양한 스포츠에서 선수들의 활동을 추적하여 경기력 분석에 활용된다.

대표적인 것은 피트니스 트래커로 아마추어 선수와 일반인도 쉽게 접근할 수 있는 웨어러블 기술로, 활동량, 칼로리 소모량, 수면 패턴 등을 모니터링한다.

피트니스 트래커는 개인의 건강 관리 및 피트니스 목표 달성에 도움을 주며, 다양한 스포츠 활동에서 사용되고 있다. 이는 스포츠 참여를 촉진하고, 보다 건강한 라이프스타일을 지원한다.

2. 데이터 분석 및 인공지능(AI)

인공지능과 머신러닝 알고리즘은 경기 데이터를 분석하여 최적의 전략과 전술을 도출하는 데 사용된다. AI는 수백만 건의 플레이 데이터를 분석하여 상대 팀의 약점을 파악하고, 최적의 플레이를 추천한다. 프로 팀들은 데이터 분석을 통해 더 나은 경기 전략을 수립하고, 실시간으로 전술을 조정하여 경기에서 우위를 점할 수 있다. 예를 들어, NBA 팀들은 SportVU 카메라 시스템을 통해 경기 중 선수들의 위치 데이터를 수집하고, 이를 분석하여 경기 전략을 세운다. 또한 AI와 데이터 분석은 선수 스카우팅 및 리크루팅 과정에서도 활용된다. 빅데이터를 활용해 잠재적인 스타플레이어를 발굴하고, 선수의 경기력과 잠재력을 객관적으로 평가할 수 있다. 데이터 중심의 스카우팅은 리스크를 줄이고, 더 많은 정보를 바탕으로 결정할 수 있게 하여 팀이 장기적으로 성공할 가능성을 높인다.

3. 가상현실(VR) 및 증강현실(AR)

VR과 AR 기술은 선수들이 실제 경기 상황을 가상으로 경험하고 훈련할 수 있는 환경을 제공한다. 이를 통해 선수들은 경기 전 다양한 시나리

오를 시뮬레이션하고, 결정적인 순간을 대비할 수 있다. VR 및 AR 훈련은 특히 신인 선수들이 경기 경험을 쌓는 데 유용하며, 부상 회복 기간 동안에도 훈련을 지속할 수 있게 한다. 예를 들어, 미식축구 팀들은 VR을 통해 쿼터백이 다양한 수비 상황을 연습할 수 있도록 지원한다.

AR 기술은 경기 중 실시간 정보 제공, 하이라이트, 통계 등을 포함한 향상된 팬 경험을 제공하는데 VR은 팬들이 가상으로 경기장을 탐험하고, 경기를 더 몰입감 있게 즐길 수 있도록 해 준다. 이러한 기술은 팬 참여도를 높이고, 경기장 밖에서도 풍부한 경험을 제공하여 스포츠 콘텐츠의 소비를 확대한다. 예를 들어, 팬들은 VR 헤드셋을 통해 집에서 경기장에 있는 것처럼 경기를 관람할 수 있다.

4. 스마트 경기장 및 시설 관리

IoT(사물 인터넷) 기술을 활용한 스마트 경기장은 효율적인 운영과 팬 경험 개선을 목표로 한다. 센서, 카메라, 데이터 분석 시스템이 통합되어 경기장 운영을 최적화하고, 팬들에게 맞춤형 서비스를 제공한다. 스마트 경기장은 에너지 사용을 최적화하고, 안전을 강화하며, 팬들이 더 편리하고 즐겁게 경기를 관람할 수 있도록 돕는다. 예를 들어, 좌석에서 음식을 주문하거나, 스마트폰으로 경기 하이라이트를 즉시 볼 수 있는 기능을 제공한다. AI와 IoT 기술은 경기장 및 훈련 시설의 유지 보수를 자동화하고, 효율성을 높인다. 예측 유지 보수 기술은 시설 장비의 상태를 모니터링하고, 고장 전에 수리를 계획할 수 있게 한다. 이러한 기술은 시설 관리 비용을 절감하고, 시설의 가용성을 극대화하여 팀과 팬 모두에게 더 나은 환경을 제공한다.

5. 생체 인식 및 생체역학

생체역학 분석과 생체 인식 기술은 선수의 움직임과 근골격계 상태를 분석하여 부상을 예방하고, 재활 프로그램을 최적화하는 데 사용된다. 이러한 기술은 부상 위험을 줄이고, 재활 과정을 효율적으로 관리하며, 선수들이 빠르게 경기장에 복귀할 수 있도록 돕는다. 예를 들어, 고속 카메라와 센서를 활용한 분석은 선수의 비정상적인 움직임을 조기에 감지하고 교정할 수 있다.

6. 스트리밍 및 디지털 미디어

스트리밍 기술의 발전은 팬들이 어디서나 경기를 실시간으로 시청할 수 있게 하며, 하이라이트, 리플레이, 경기 분석 등을 제공하는 다양한 디지털 콘텐츠를 생산할 수 있게 한다.
스포츠 리그와 팀은 디지털 플랫폼을 통해 글로벌 팬층을 확대할 수 있으며, 팬들은 경기 이외에도 다양한 콘텐츠를 소비하며 스포츠에 더욱 몰입할 수 있다. 예를 들어, DAZN과 같은 스트리밍 서비스는 전 세계 다양한 스포츠 경기를 실시간으로 제공하고 있다.

7. 심판 및 판정 기술

비디오 판독 시스템과 자동화 판정 기술은 경기의 공정성을 높이고, 논란을 줄이는 데 중요한 역할을 한다. 골라인 테크놀로지, VAR(비디오 어시스턴트 레프리), 호크아이 등이 대표적인 예로서 이러한 기술은 경기 중 발생하는 중요한 상황에서 정확한 판정을 내릴 수 있게 하며, 선수와 팬들의 신뢰를 높인다. 예를 들어, 축구에서는 VAR이 골 여부, 페널티, 오프사이드 판정에 활용된다.